中华人民共和国交通部部标准

公路桥涵标准图

(1973～1993年)常用结构标准图汇编

第三部分(上册)　钢筋混凝土、预应力混凝土板

1　JT/GQB　　001-73　　装配式预应力混凝土空心板
2　JT/GQB　　004-73　　装配式钢筋混凝土矩形板式桥涵上部构造
3　JT/GGQS　 011-84　　装配式钢筋、预应力混凝土板

人民交通出版社股份有限公司
China Communications Press Co.,Ltd.

图书在版编目(CIP)数据

公路桥涵标准图(1973~1993年)常用结构标准图汇编.第3部分.上册,钢筋混凝土、预应力混凝土板/人民交通出版社股份有限公司汇编.—北京:人民交通出版社股份有限公司,2014.11
(中华人民共和国交通部部标准)
ISBN 978-7-114-11867-8

Ⅰ.①公… Ⅱ.①人… Ⅲ.①公路桥—桥涵工程—标准图—汇编—中国 ②公路桥—钢筋混凝土桥—标准图—汇编—中国 ③公路桥—预应力混凝土桥—标准图—汇编—中国 Ⅳ.①U448.142.5

中国版本图书馆CIP数据核字(2014)第268810号

书　　名:	公路桥涵标准图(1973~1993年)常用结构标准图汇编.
	第三部分(上册)钢筋混凝土、预应力混凝土板
著　作　者:	人民交通出版社股份有限公司
责任编辑:	张征宇　赵瑞琴
出版发行:	人民交通出版社股份有限公司
地　　址:	(100011)北京市朝阳区安定门外外馆斜街3号
网　　址:	http://www.ccpress.com.cn
销售电话:	(010)59757973
总 经 销:	人民交通出版社股份有限公司发行部
经　　销:	各地新华书店
印　　刷:	北京市密东印刷有限公司
开　　本:	787×1092　1/8
印　　张:	13
版　　次:	2014年11月　第1版
印　　次:	2014年11月　第1次印刷
书　　号:	ISBN 978-7-114-11867-8
定　　价:	200.00元

(有印刷、装订质量问题的图书由本公司负责调换)

前　言

改革开放以来,我国桥梁建设得到了快速发展,至 2013 年底,公路桥梁数量已达 73.5 万座,其中危桥近 10 万座。在这批危桥中,相当一部分桥梁是在 20 世纪 70 年代至 90 年代建设的,桥梁结构形式大都采用中小跨径标准图设计,限于当时经济、技术等方面的制约,设计荷载偏低,加之交通量日益增大,超重、超载车辆屡禁不绝,桥梁已不堪重负,急需进行安全隐患排查和桥梁加固改造。

目前,各省市部分公路桥梁养护管理单位危旧桥梁基础资料严重缺失,给桥梁养护管理带来很大困难。为配合交通运输部做好危旧桥梁安全隐患改造、满足公路桥梁养护管理单位以及桥梁检测、评定、加固、维修和改造等单位的迫切需求,人民交通出版社股份有限公司将 20 世纪 70 年代至 90 年代交通部部标准公路桥涵标准图中常用结构的石拱桥,钢筋混凝土、预应力混凝土 T 形梁,钢筋混凝土、预应力混凝土板和预应力混凝土 I 形组合梁等 16 本标准图汇编成册再版。为危旧桥梁养护管理工作的开展和技术档案真实完整,以及进行桥梁检测、评定、加固、维护和改造提供依据和技术支持。

交通部部标准公路桥涵标准图(1973~1993 年)常用结构标准图见附表。

附表

交通部部标准公路桥涵标准图(1973~1993年)常用结构标准图汇编

部分	编号		图名	跨径(m)	斜交角度	荷载	净宽(m)
第一部分 石拱桥	1	JT/GQB 017-73	石拱桥	6、8、10、13、16、20	/	汽车-15级 挂车-80	净7
	2	JT/GQB 018-73	石拱桥	6、8、10、13、16、20	/	汽车-20级 挂车-100	净7
	3	JT/GQB 046-84	石拱桥	25、30、40、50、60	/	汽车-20级 挂车-100	净7
第二部分 钢筋混凝土、预应力混凝土T形梁	1	JT/GQB 011-73	装配式钢筋混凝土T形梁(II级钢筋)	10、13、16、20	/	汽车-20级 挂车-100	净7 净9
	2	JT/GQB 013-73	装配式钢筋混凝土T形梁(III级钢筋)	10、13、16、20	/	汽车-20级 挂车-100	净7 净9
	3	JT/GQS 025-84	装配式钢筋混凝土T形梁	10、13、16、20	/	汽车-15级 挂车-80 汽车-20级 挂车-100 汽车-超20级 挂车-120	2×净7.5 2×净7 净9 净7
	4	JT/GQB 025-75	装配式后张法预应力混凝土简支梁	25、30、35、40	/	汽车-15级 挂车-80	净7 净9
	5	JT/GQB 026-75	装配式后张法预应力混凝土简支梁	25、30、35、40	/	汽车-20级 挂车-100	净7 净9
	6	JT/GQS 024-83	装配式预应力混凝土简支梁	25、30、35、40	/	汽车-20级 挂车-100 汽车-超20级 挂车-120	2×净7.5 2×净7 净9 净7
第三部分(上册) 钢筋混凝土、预应力混凝土板	1	JT/GQB 001-73	装配式预应力混凝土空心板	8、10、13、16	/	汽车-15级 挂车-80	净7 净9
	2	JT/GQB 004-73	装配式钢筋混凝土矩形板式桥涵上部构造	1.5、2.0、2.5、3.0、4.0、5.0、6.0、8.0	/	汽车-20级 挂车-100	净7 净9
	3	JT/GGQS 011-84	装配式钢筋、预应力混凝土板	5、6、8、10、13、16	0°、15°、30°、45°	汽车-超20级 挂车-120	2×净11
第三部分(下册) 钢筋混凝土、预应力混凝土板	1	JT/GQB 001-93	装配式预应力混凝土斜空心板桥上部构造	10、13、16、20	10°、20°、30°、40°	汽车-20级 挂车-100 汽车-超20级 挂车-120	2×净11 2×净9.75 净9 净7
	2	JT/GQB 002-93	装配式钢筋混凝土空心板桥上部构造	6、8、10、13	10°、20°、30°、40°	汽车-20级 挂车-100 汽车-超20级 挂车-120	2×净11.5 2×净9.75 净9 净7
第四部分 预应力混凝土I形组合梁斜桥	1	JT/GQB 006-93	装配式后张法预应力混凝土I形组合梁斜桥	30	0°、15°、30°、45°	汽车-20级 挂车-100 汽车-超20级 挂车-120	净11.5 净9.75 净9 净7
	2	JT/GQB 007-93	装配式后张法预应力混凝土I形组合梁斜桥	40	0°、15°、30°、45°	汽车-20级 挂车-100 汽车-超20级 挂车-120	净11.5 净9.75 净9 净7

总 目 录

1　JT/GQB 001-73　装配式预应力混凝土空心板 …………………………………………………………………（ 1 ）

2　JT/GQB 004-73　装配式钢筋混凝土矩形板式桥涵上部构造 ……………………………………………（ 21 ）

3　JT/GGQS 011-84　装配式钢筋、预应力混凝土板 …………………………………………………………（ 61 ）

中华人民共和国交通部部标准

公路桥涵标准图

装配式预应力混凝土空心板

编制单位：交通部公路规划设计院

批准单位：交通部

编　号：JT/GQB 001-73

跨　径：8、10、13、16米

荷　载：汽车-15级　　挂车-80

　　　　汽车-20级　　挂车-100

净　空：净-7　净-9

人民交通出版社

1978年·北京

目　　录

名　　　　称	图号	名　　　　称	图号
说　明		L＝8米漫水桥空心板边块件构造（汽车-15级，挂车-80）	8
立体图		L＝10米空心板构造（汽车-15级，挂车-80）	9
一孔空心板块件钢筋总表	1	L＝10米空心板构造（汽车-20级，挂车-100）	10
一孔空心板块件及桥面铺装材料总表	2	L＝10米漫水桥空心板边块件构造（汽车-15级，挂车-80）	11
上部构造一般构造	3	L＝13米空心板构造（汽车-15级，挂车-80）	12
上部构造一般构造	4	L＝13米空心板构造（汽车-20级，挂车-100）	13
空心板一般构造	5	L＝13米漫水桥空心板边块件构造（汽车-15级，挂车-80）	14
L＝8米空心板构造（汽车-15级，挂车-80）	6	L＝16米空心板构造（汽车-15级，挂车-80）	15
L＝8米空心板构造（汽车-20级，挂车-100）	7	L＝16米空心板构造（汽车-20级，挂车-100）	16

说　　明

一、技术标准与设计规范

本图主要依据中华人民共和国交通部部标准《公路工程技术标准》(试行)并参照有关设计规范进行编制。

二、技术指标

表一

人行道或安全带边缘间的宽度 J（米）	7	9
人行道或安全带的宽度　R（米）	0.25，0.75，1.5	1.0，1.5
车　辆　荷　载	汽车-15级　挂车-80 汽车-20级　挂车-100	汽车-20级　挂车-100

表二

墩台中距（米）	空心板			
	计算跨径(米)	板　长(米)	板　宽(米)	板　厚(米)
8.00	7.70	7.96	0.99	0.4
10.00	9.70	9.96	0.99	0.5
13.00	12.60	12.96	0.99	0.6
16.00	15.50	15.96	0.99	0.7

三、主要材料

(一)混凝土：空心板和铰缝均采用400号。

(二)钢筋：

预应力钢筋采用冷拉Ⅳ级钢筋（直径符号Φ^{L}），冷拉控制应力取为7000公斤/厘米²，其力学机械性能应符合有关规范的规定。

非预应力钢筋采用Ⅱ级螺纹钢筋（直径符号Φ）和Ⅰ级圆钢筋（直径符号ϕ）。

四、设计要点

(一)本图系以冷拉Ⅳ级钢筋作预应力主筋而采用先张法工艺制造的装配式预应力混凝土空心板。它具有建筑高度较低，材料和造价较省，结构构造简单，便于运输安装和运营性能良好等优点，可供各种中小型桥梁选用。

(二)活载在空心板上的横向分布按铰结板法计算。

(三)空心板系按净7－2×0.75米安全带（共用八块板）设计，当桥宽超过八块板时，可直接增加空心板的块数。

(四)预应力钢筋的张拉控制应力为钢筋设计强度（即冷拉控制应力）的0.9倍，即$\sigma_K = 0.9 \times 7000 = 6300$公斤/厘米²。预应力损失的计算为1500～1700公斤/厘米²。其中包括蒸汽养护预应力损失400公斤/厘米²。当不采用蒸汽养护混凝土时，则张拉控制应力可相应降低。

·2·

(五)计算内力表

计算跨径 (米)	跨中弯矩(吨-米)						支点剪力(吨)					
	块件自重	恒载重	汽车-15级	挂车-80	汽车-20级	挂车-100	块件自重	恒载重	汽车-15级	挂车-80	汽车-20级	挂车-100
7.70	3.91	6.31	8.85	10.46	12.02	13.07	2.03	3.28	9.51	11.30	11.30	14.12
9.70	7.57	11.42	12.29	14.21	16.82	17.77	3.12	4.71	9.70	12.54	12.04	15.68
12.60	14.77	21.29	17.18	21.40	22.00	26.81	4.69	6.76	10.02	13.26	12.47	16.89
15.50	23.48	33.44	22.40	28.30	27.40	35.40	6.05	8.62	10.30	14.02	12.70	17.55

(六)安全度及应力表

项目		容许值	计算值							
			8米		10米		13米		16米	
			汽车-15级 挂车-80	汽车-20级 挂车-100	汽车-15级 挂车-80	汽车-20级 挂车-100	汽车-15级 挂车-80	汽车-20级 挂车-100	汽车-15级 挂车-80	汽车-20级 挂车-100
钢筋张拉控制应力(公斤/厘米²)		0.9×7000=6300	6300	6300	6300	6300	6300	6300	6300	6300
强度安全系数		1.80 1.60*	1.98	1.89	1.88	1.79 (超1%)	1.90	1.90	1.80	1.63*
抗裂安全系数		1.10	1.35	1.29	1.27	1.22	1.22	1.18	1.12	1.09 (超1%)
主拉应力(公斤/厘米²)		−24.0	−19.0	−23.3	−15.7	−18.9	−13.8	−15.0	−13.3	−15.8
使用阶段应力(公斤/厘米²)	混凝土上缘	0.5×350=175	53.9	66.0	57.2	69.0	64.7	73.5	79.0	85.8
	混凝土下缘	−11.0	−0.5	−3.9	−4.6	−9.9	−2.6	−3.7	−9.2	−8.3
	预应力钢筋	0.8×7000=5600	4657.8	4552.2	4616.2	4548.0	4671.0	4507.0	4690.0	4552.0
支点剪力(公斤/厘米²)		44	24.5	29.4	21.1	24.9	20.4	22.4	20.5	23.8

表中有*者为挂车组合控制时的容许值和计算值。

五、施工要点

(一)截取预应力钢筋时，需考虑空心板全长，台座长度，锚具长度，冷拉延伸率，弹性回缩率，张拉伸长值以及焊接位置，焊接接头压缩等因素。

(二)预应力钢筋接头的焊接，应采用闪光对焊。有接头的预应力钢筋截面积，不得超过构件同一截面预应力钢筋总面积的四分之一。接头间的中距小于30d(钢筋直径)或50厘米，均应视为"同一截面"。钢筋接头宜布置在受力较小处(如跨径的1/4点至支点间)。

(三)为提高钢筋的屈服强度和检验接头的焊接质量，必须进行冷拉。冷拉钢筋时，宜采用应力和延伸率"双控"，其张拉控制应力可取为7500公斤/厘米²。如无条件进行应力控制时，可通过实验确定其延伸率，"单控"冷拉。

(四)预应力钢筋的张拉：

预应力钢筋多根同时张拉时，为使各根间应力均匀，应予初拉(张拉应力约取$0.1\sigma_K$)调整应力。

张拉钢筋需自块件中线向两侧对称进行。张拉应循序由0→初应力→$1.05\sigma_K$(持荷两分钟)→$0.9\sigma_K$→σ_K进行之。张拉完毕后，预应力钢筋的实际位置不得偏离设计位置5毫米。

(五)空心板钢筋骨架的绑扎工作，应在全部预应力钢筋张拉完毕后八小时或当钢筋张拉应力在$0.9\sigma_K$时进行，以策安全。

(六)预制空心板蒸汽养护时，必须两次升温。第一次升温应使温度控制在温差所引起的预应力损失范围之内，本设计为20℃，待块件混凝土的强度达到75～100公斤/厘米²后，再进行第二次升温继续养生，此时容许拆除模板。

(七)当预制空心板混凝土强度达到设计强度75%即300号时，方可由预制板的两侧向中线逐根逐次放松预应力钢筋，每根钢筋严禁一次放完，以免最后放松的钢筋自行崩断。放松预应力钢筋可采用千斤顶，砂箱或滑楔等工具，放松后即可将钢筋割断。

六、其他

(一)在张拉预应力钢筋及其以后的绑扎钢筋骨架，立模，浇筑和震捣混凝土等各个工序中，严禁重物如混凝土震捣器，铁锤等碰击预应力钢筋，以免预应力钢筋突然脆断伤人。

(二)支座，伸缩缝，泄水管，人行道，安全带，栏杆等构造图详见"公路桥涵标准图"JT/GQB 014-73。

编制单位：
交通部公路规划设计院(主编)
同济大学
重庆建筑工程学院
河北工学院

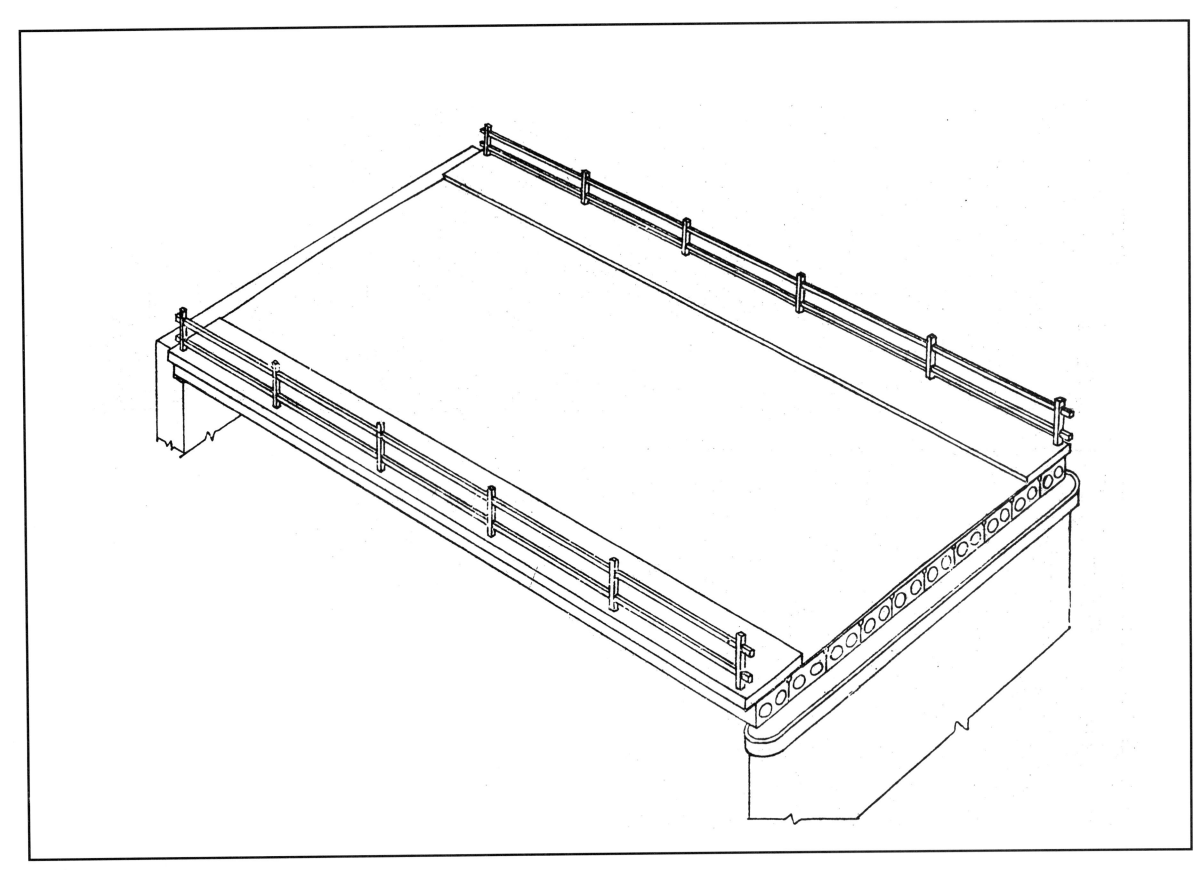

一孔空心板块件钢筋总表

跨径(米)	8.0									10.0								13.0						
载重	汽车-15级,挂车-80			汽车-20级,挂车-100						汽车-15级,挂车-80				汽车-20级,挂车-100					汽车-15级,挂车-80				汽车-20级,挂车-100		
桥面净空	净-7			漫水桥	净-7			净-9		净-7			净-7			净-9			净-7			漫水桥 净-7	净-9		
安全带或人行道(米)	0.25	0.75	1.50		0.25	0.75	1.50	1.00	1.50	0.25	0.75	1.50	0.25	0.75	1.50	1.00	1.50	0.25	0.75	1.50		0.25	0.75	1.50	1.00	1.50
Ⅰ级钢筋 Φ6	22.4	25.2	28.8		22.4	25.6	28.8	32.0	35.2	38.4	25.6	28.8	32.0	25.6	29.6	33.3	37.0	40.7	44.4	22.4	25.2	28.0	22.4	25.6	28.8	32.0	35.2	38.4
Φ8	320.8	350.9	401		305.6	292.0	328.5	365.0	401.5	438.0	425.6	479.8	532.0	409.8	425.6	478.8	532.0	585.2	638.4	586.4	659.7	733.0	565.8	620.8	598.4	776.0	853.6	331.2
Φ16	27.2	30.6	34.0		27.2	27.2	30.6	34.0	37.4	40.8																		
Φ18											41.6	46.8	52.0	31.2	41.6	46.8	52.0	57.2	62.4									
Φ20														13.0														
Φ22																												
Φ25																				72.8	81.9	91.0	54.6	72.8	81.9	91.0	100.1	109.2
绑扎铁丝	6.4	7.2	8.0		6.6	7.2	8.1	9.0	9.9	10.8	9.6	10.8	12	9.6	9.6	10.8	12.0	13.2	14.4	14.4	16.2	18.0	14.6	16.0	18.0	20.0	22.0	24.0
																			23.2									
Ⅱ级钢筋 Φ12	384.8	432.9	481.0		420.8	449.6	505.8	562.0	618.2	674.4	490.4	551.7	613.0	533.0	490.4	551.7	613.0	674.3	735.6	628.0	706.5	785.0	676.8	628.0	706.5	785.0	863.5	942.0
Φ14																												
Φ16																												
Ⅳ级冷拉钢筋 Φ16	603.2	678.6	754.0		603.2	703.2	791.1	879.0	966.9	1054.8	880.0	990.0	1100.0	880.0	1005.6	1131.3	1257.0	1382.7	1508.4									
Φ20																				1534.4	1726.2	1918.0	1534.4	1789.6	2013.3	2237.0	2460.7	2594.4

跨径(米)	16.0							
载重	汽车-15级,挂车-80			汽车-20级,挂车-100				
桥面净空	净-7			净-7			净-9	
安全带或人行道(米)	0.25	0.75	1.50	0.25	0.75	1.50	1.00	1.50
Ⅰ级钢筋 Φ6	25.6	28.8	32.0	29.6	33.3	37.0	40.7	44.4
Φ8	724.0	814.5	905.0	724.0	814.5	905.0	995.5	1086.0
Φ16								
Φ18								
Φ20								
Φ22								
Φ25	105.6	118.8	132.0	105.6	118.8	132.0	145.2	158.4
绑扎铁丝	20.0	22.5	25.0	22.4	25.2	28.0	30.8	33.6
Ⅱ级钢筋 Φ12	772.8	869.4	966.0	772.8	869.4	966.0	1062.6	1159.2
Φ14	159.2	179.1	199.0					
Φ16				259.2	291.6	324.0	356.4	388.8
Ⅳ级冷拉钢筋 Φ16								
Φ20	2204.0	2479.5	2755.0	2519.2	2834.1	3149.0	3463.9	3778.8

附注

表内钢筋重量均以公斤为单位。

装配式预应力混凝土空心板 跨径 8,10,13,16 米 汽车-15级,挂车-80 汽车-20级,挂车-100 净-7,净-9

一孔空心板块件钢筋总表 图号 1

一孔空心板块件及桥面铺装材料总表

跨径（米）		8.0							10.0							13.0					
载重		汽车-15级,挂车-80				汽车-20级,挂车-100			汽车-15级,挂车-80				汽车-20级,挂车-100			汽车-15级,挂车-80			汽车-20级,挂车-100		
桥面净空		净-7			漫水桥	净-7			净-7			漫水桥	净-7		净-9	净-7			净-7	净-9	
安全带或人行道宽度（米）		0.25	0.75	1.50	净-7	0.25	0.75	1.50	0.25	0.75	1.50	净-7	0.25	0.75	1.00 1.50	0.25	0.75	1.50	净-7	0.25 0.75 1.50	1.00 1.50
空心板块件	Ⅰ级 钢筋 公斤	370.4	416.7	463.0	355.2	344.8	387.9	431.0	474.1	517.2	492.8	479.6	496.9	558.9	621.0 683.1 745.2	681.6	766.8	852.0	666.0	719.2 809.1 899.0	988.9 1078.8
	Ⅱ级 公斤	384.8	432.9	481.0	420.8	449.5	505.8	562.0	619.2	674.4	490.4	551.7	613.0	533.0	490.4 551.7 613.0 674.3 735.6	628.6	706.5	785.0	676.6	628.6 706.5 785.0 863.5	942.0
	Ⅳ级冷拉 公斤	603.2	678.5	754.0	603.2	703.2	791.1	879.0	966.9	1054.6	860.0	990.0	1100.0	880.0	1005.6 1131.3 1257.0 1392.7 1508.4	1534.4	1726.5	1918.0	1534.4	1799.5 2013.3 2237.0 2460.7	2684.4
	总计 公斤	1358.4	1528.2	1698.0	1379.2	1497.6	1684.8	1872.0	2059.2	2246.6	1863.2	2096.8	2329.0	1892.6	1992.9 2241.9 2491.6 2740.1 2989.2	2844.6	3199.5	3555.0	2877.0	3136.8 3528.9 3921.0 4313.1	4705.2
	400号混凝土 米³	14.0	15.7	17.5	14.1	14.0	15.7	17.5	19.2	21.0	21.5	24.1	26.8	21.6	21.5 24.1 26.8 29.5 32.1	31.0	34.9	38.7	31.1	31.0 34.9 38.7 42.6	46.4
	200号封头混凝土 米³	0.3	0.3	0.4	/	0.3	0.3	0.4	0.4	0.4	0.4	0.4	0.5	/	0.4 0.4 0.5 0.5 0.5	0.5	0.5	0.6	/	0.5 0.5 0.6 0.7	0.7
400号铰及接缝混凝土 米³		0.7	0.8	0.9	0.7	0.7	0.8	0.9	1.0	1.1	1.0	1.1	1.3	1.0	1.1 1.3 1.4 1.5	1.3	1.5	1.7	1.3	1.3 1.5 1.7 1.9	2.1
行车道桥面铺装	300号防水混凝土铺装 米³		5.4		6.3		5.4			7.5		6.7	7.9		6.7 9.3		8.8	10.1		8.8	12.1
	沥青混凝土 细粒式 米³		1.1		/		1.1			1.4		1.4	/		1.4 1.8		1.8	/		1.8	2.3
	铺浆 中粒式 米³		4.3		/		4.3			6.0		5.3	/		5.3 7.6		7.0	/		7.0	9.8

标准跨径（米）		16.0							
载重		汽车-15级,挂车-80			汽车-20级,挂车-100				
桥面净空		净-7			净-7			净-9	
安全带或人行道宽度		0.25	0.75	1.50	0.25	0.75	1.50	1.00	1.50
空心板块件	Ⅰ级 钢筋 公斤	855.2	962.1	1069.0	859.2	966.6	1074.0	1181.4	1288.8
	Ⅱ级 公斤	932.0	1048.5	1165.0	1032.0	1161.0	1290.0	1419.0	1548.0
	Ⅳ级冷拉 公斤	2204.0	2479.5	2755.0	2519.2	2834.1	3149.0	3463.9	3778.8
	总计 公斤	3991.2	4490.1	4989.0	4410.4	4961.7	5513.0	6064.3	6615.6
	400号混凝土 米³	41.1	46.2	51.3	41.1	46.2	51.3	56.5	61.6
	200号封头混凝土 米³	0.6	0.7	0.7	0.6	0.7	0.7	0.8	0.9
400号铰及接缝混凝土 米³		1.8	2.0	2.3	1.8	2.0	2.3	2.5	2.8
行车道桥面铺装	300号防水混凝土铺装 米³		10.9			10.9			14.9
	沥青混凝土 细粒式 米³		2.2			2.2			2.9
	铺浆 中粒式 米³		8.6			8.6			12.0

附注：

1. 漫水桥空心板两端不设封头。
2. 钢筋数量不包括绑扎铁丝,绑扎铁丝为钢筋数量的0.5%。
3. 行车道桥面铺装材料数量按选用型式采用。

装配式预应力混凝土空心板
跨径 8,10,13,16 米
汽车-15级挂车-80
汽车-20级挂车-100
净-7,净-9
一孔空心板块件及桥面铺装材料总表
图号 2

水泥混凝土桥面铺装横断面

附注

1.本图尺寸均以厘米为单位。

2.边部空心板块件的外侧不设铰槽。

3.栏杆、安全带、人行道、缘石等，在本图中仅作示意布置，详见另图。

4.空心板横断面尺寸和铰的尺寸见图号5。

装配式预应力混凝土空心板	汽车-15级,挂车-80 汽车-20级,挂车-100
跨径 8,10,13,16米	净-7,净-9
上部构造一般构造	图号 3

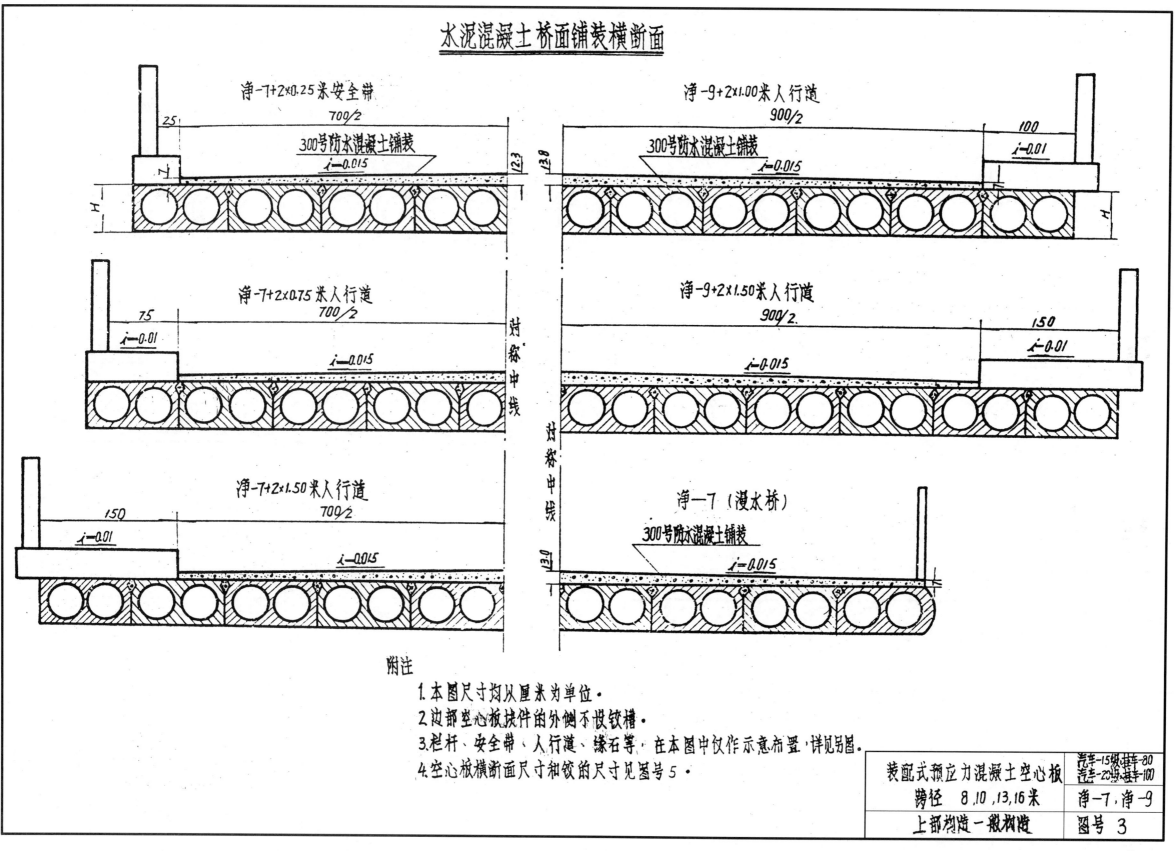

沥青混凝土桥面铺装横断面

铰反接缝大样

附注

1.本图尺寸均以厘米为单位。

2.边部空心板块件的外侧不设铰槽。

3.栏杆、安全带、人行道、缘石等在本图中仅作示意布置，详见另图。

装配式预应力混凝土空心板 跨径 8,10,13,16米	汽车-15级,挂车-80 汽车-20级,挂车-100
	净-7,净-9
上部构造一般构造	图号 4

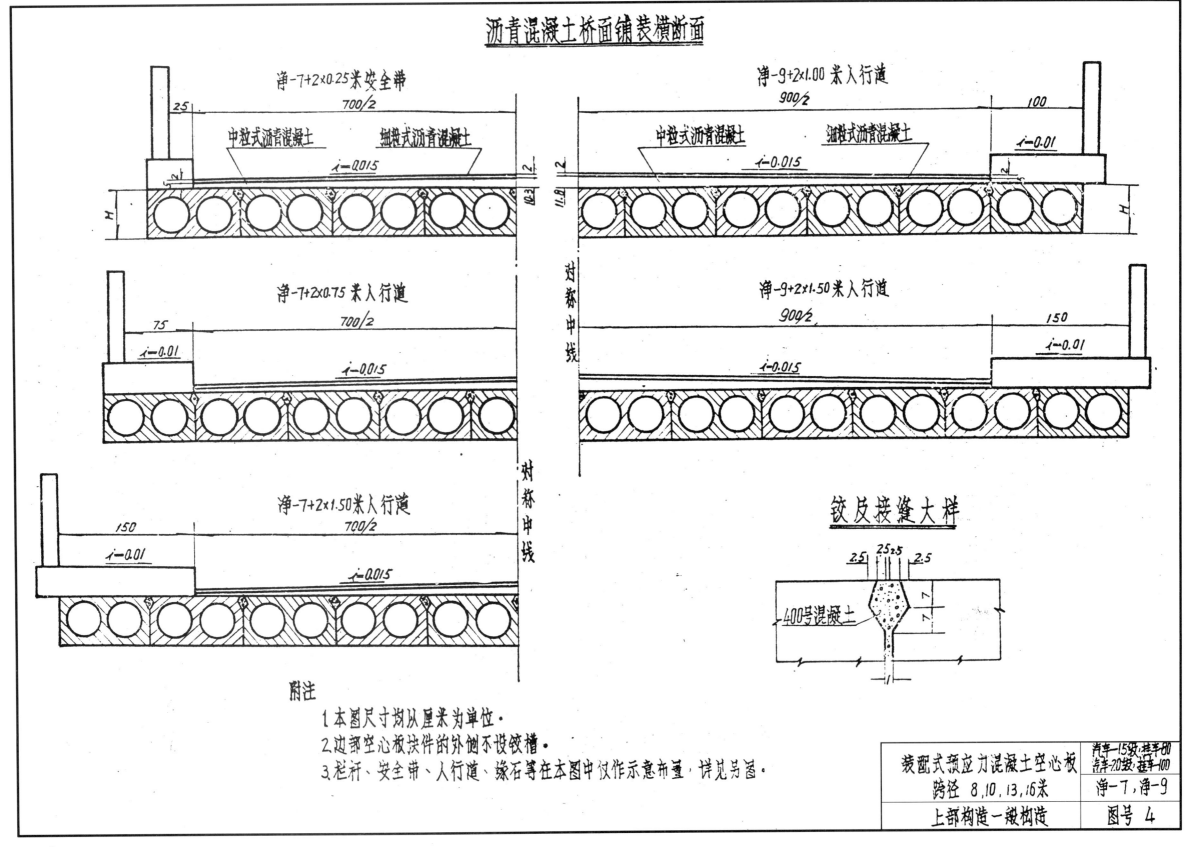

附注

1. 本图尺寸均以厘米为单位。
2. 块件端头预留10厘米后浇200号混凝土，待张拉完毕后将端头封闭；用于漫水桥的块件端头则不封闭。
3. 漫水桥块件在支点处应预留锚固孔，对边部块件应预设栏杆安设构造。在每个挖孔下缘设2个φ4泄出水孔，孔距梁端约1～2米。

装配式预应力混凝土空心板 跨径 8.10.13.16米	汽车-15级,挂车-80 汽车-20级,挂车-100
	净-7，净-9
空心板一般构造	图号 5

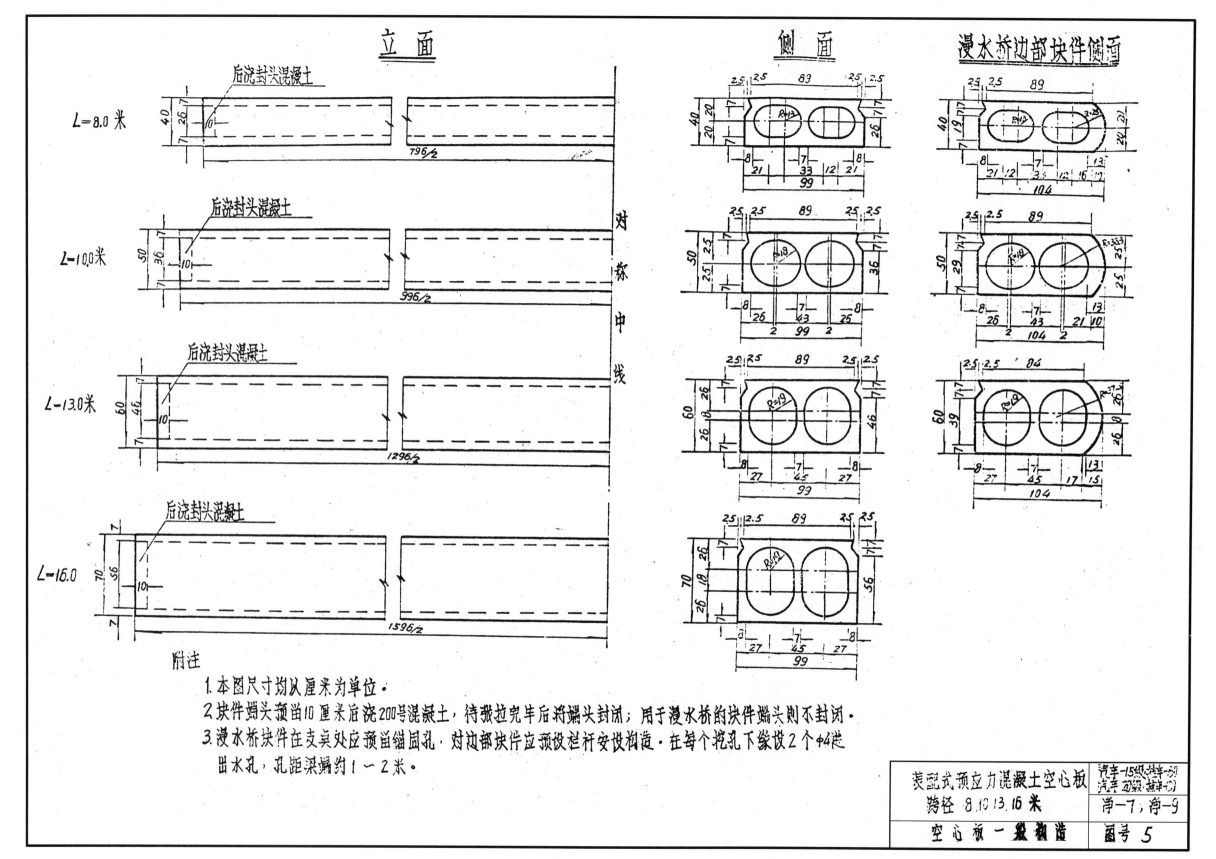

附注

1. 本图尺寸除钢筋直径以毫米计外，其余均以厘米计。
2. 图中N1号预应力钢筋的长度为板内实际需要长度，但在预拉前必须根据预拉设备留有一定的长度，张拉完毕后切除并涂以水泥砂浆。
3. 每根预应力钢筋张拉力为12.67吨，每米长钢筋拉伸值为0.35厘米。

钢筋明细表

编号	直径(毫米)	每根长度(厘米)	数量(根)	全长(米)	钢号
1	⌀16	796	6	47.76	Ⅳ级冷拉
2	⌀12	804	3	24.12	Ⅱ级
3	⌀8	100	38	38.00	Ⅰ级
4	⌀12	180	14	25.20	Ⅱ级
5	⌀8	180	24	43.20	Ⅰ级
6	⌀12	48	10	4.8	Ⅱ级
7	⌀8	47	24	11.28	Ⅰ级
8	⌀6	104	12	12.48	Ⅰ级
9	⌀16	109	2	2.18	Ⅰ级
10	⌀8	114	8	9.12	Ⅰ级

一块空心板块件材料总表

直径(毫米)	共长(米)	单位重量(公斤/米)	共重(公斤)	钢号	预制块体积(米³)	安装重量(吨)
⌀16	47.76	1.578	75.4	Ⅳ级冷拉	M-400 1.74	4.35
⌀12	54.12	0.888	48.1	Ⅱ级		
⌀16	2.18	1.578	3.4	Ⅰ级		
⌀8	101.60	0.395	40.1	Ⅰ级		
⌀6	12.48	0.222	2.8	Ⅰ级		
绑扎铁丝		0.5%	0.8			
合计			170.6			

装配式预应力混凝土空心板 跨径8米	汽车-15级、挂车-80
	净—7
空心板构造	图号 6

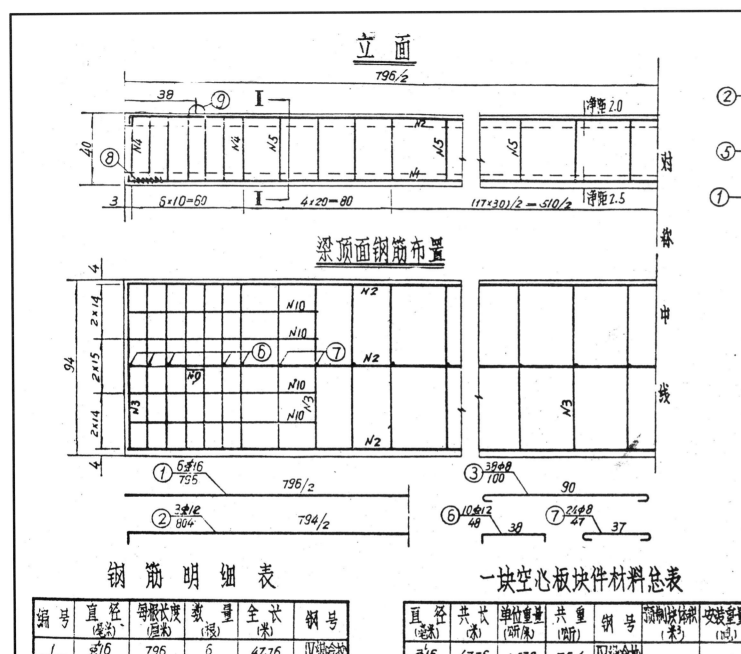

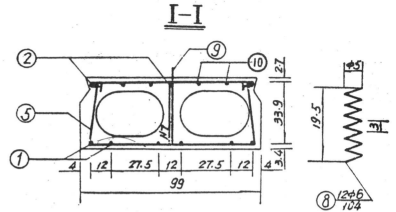

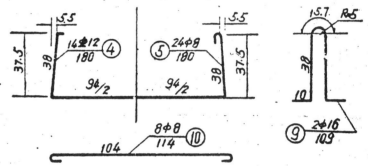

立面

梁顶面钢筋布置

I–I

钢筋明细表

编号	直径（毫米）	每根长度（厘米）	数量（根）	全长（米）	钢号
1	Φ16	796	7	55.72	Ⅳ级冷拉
2	Φ12	804	3	24.12	Ⅱ级
3	Φ12	114	8	9.12	Ⅱ级
4	Φ8	100	38	38.00	Ⅰ级
5	Φ12	180	14	25.20	Ⅱ级
6	Φ8	180	24	43.20	Ⅰ级
7	Φ12	48	10	4.80	Ⅱ级
8	Φ8	47	24	11.28	Ⅰ级
9	Φ6	104	14	14.56	Ⅰ级
10	Φ16	109	2	2.18	Ⅰ级

一块空心板块件材料总表

直径（毫米）	共长（米）	单位重量（公斤/米）	共重（公斤）	钢号	预制块体积（米³）	安装重量（吨）
Φ16	55.72	1.578	87.9	Ⅳ级(冷拉)	M-400 1.74	4.35
Φ12	63.24	0.888	56.2	Ⅱ级		
Φ16	2.18	1.578	3.4	Ⅰ级		
Φ8	92.48	0.395	36.5	Ⅰ级		
Φ6	14.56	0.222	3.2	Ⅰ级		
绑扎铁丝 0.5%			0.9			
合计			188.1			

附注

1. 本图尺寸除钢筋直径以毫米计外，其余均以厘米计。
2. 图中N1号预应力钢筋的长度为板内实际需要长度，但在预拉前必须根据预拉设备留有一定的长度，张拉完毕后切除并涂以水泥砂浆。
3. 每根预应力钢筋张拉力为2.67吨，每米长钢筋拉伸值为0.35厘米。

装配式预应力混凝土空心板 跨径 8米	汽车-20级 挂车-100
	净-7，净-9
空心板构造	图号 7

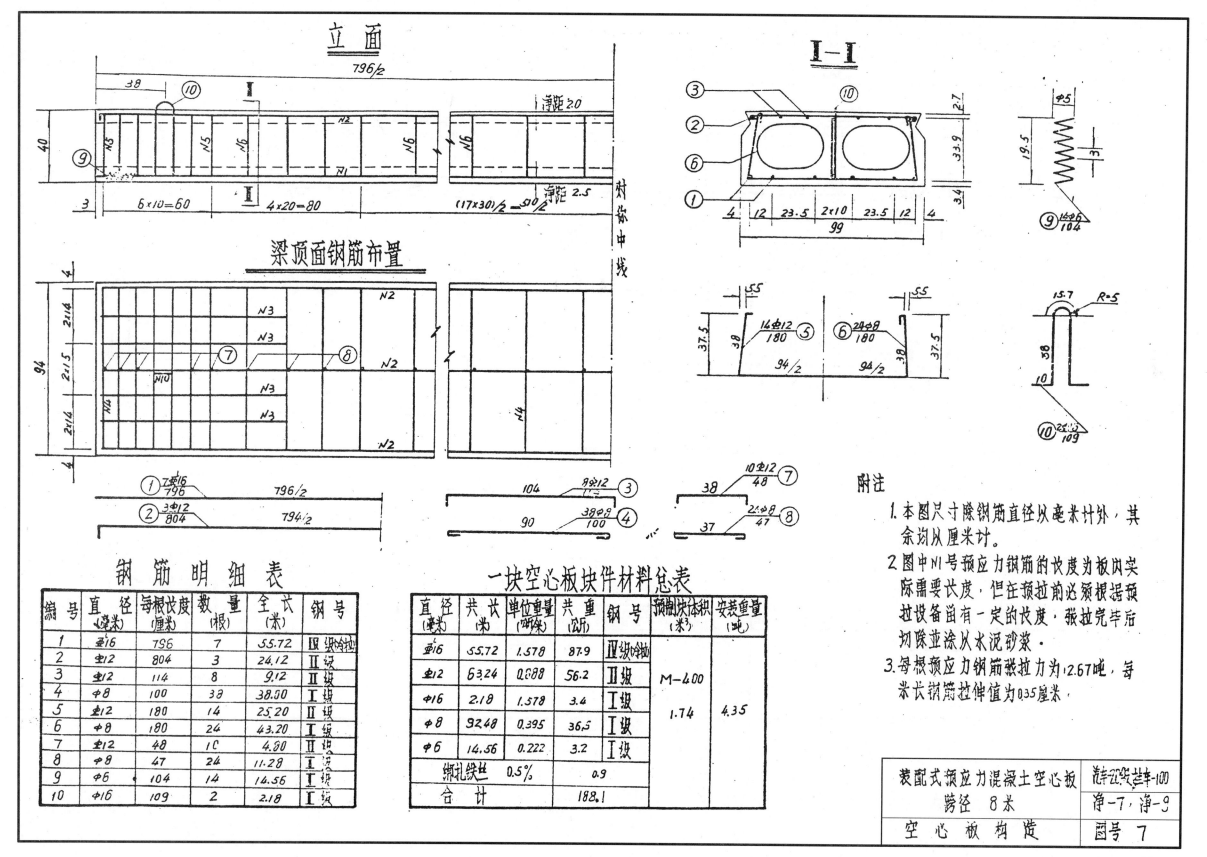

附注

1. 本图尺寸除钢筋直径以毫米计外，其余均以厘米计。
2. 图中N1号预应力钢筋的长度为板内实际需要长度，但在预拉前必须根据预拉设备留有一定的长度，张拉完毕后切除並涂以水泥砂浆。
3. 每根预应力钢筋张拉力为12.67吨，每米长钢筋拉伸值为0.35厘米。

钢筋明细表

编号	直径（毫米）	每根长度（厘米）	数量（根）	全长（米）	钢号
1	Φ16	796	6	47.76	Ⅳ级冷拉
2	Φ12	804	4	32.16	Ⅱ级
3	Φ12	268	14	37.52	Ⅱ级
4	Φ8	268	24	64.32	Ⅰ级
5	Φ12	48	10	4.80	Ⅱ级
6	Φ8	37	24	8.88	Ⅰ级
7	Φ6	104	12	12.48	Ⅰ级
8	Φ16	109	2	2.18	Ⅰ级
9	Φ8	114	8	9.12	Ⅰ级

一块空心板块件材料总表

直径（毫米）	共长（米）	单位重量（公斤/米）	共重（公斤）	钢号	预制块体积（米³）	安装重量（吨）
Φ16	47.76	1.578	75.4	Ⅳ级冷拉	M-400	
Φ12	74.48	0.888	66.1	Ⅱ级		
Φ16	2.18	1.578	3.4	Ⅰ级	1.84	4.60
Φ8	82.32	0.395	32.5	Ⅰ级		
Φ6	12.48	0.222	28	Ⅰ级		
绑扎铁丝		0.5%	0.9			
合计			191.1			

装配式预应力混凝土空心板 跨径 8米	汽车-15级 拖-80
	净-7
漫水桥空心板边块件构造	图号 8

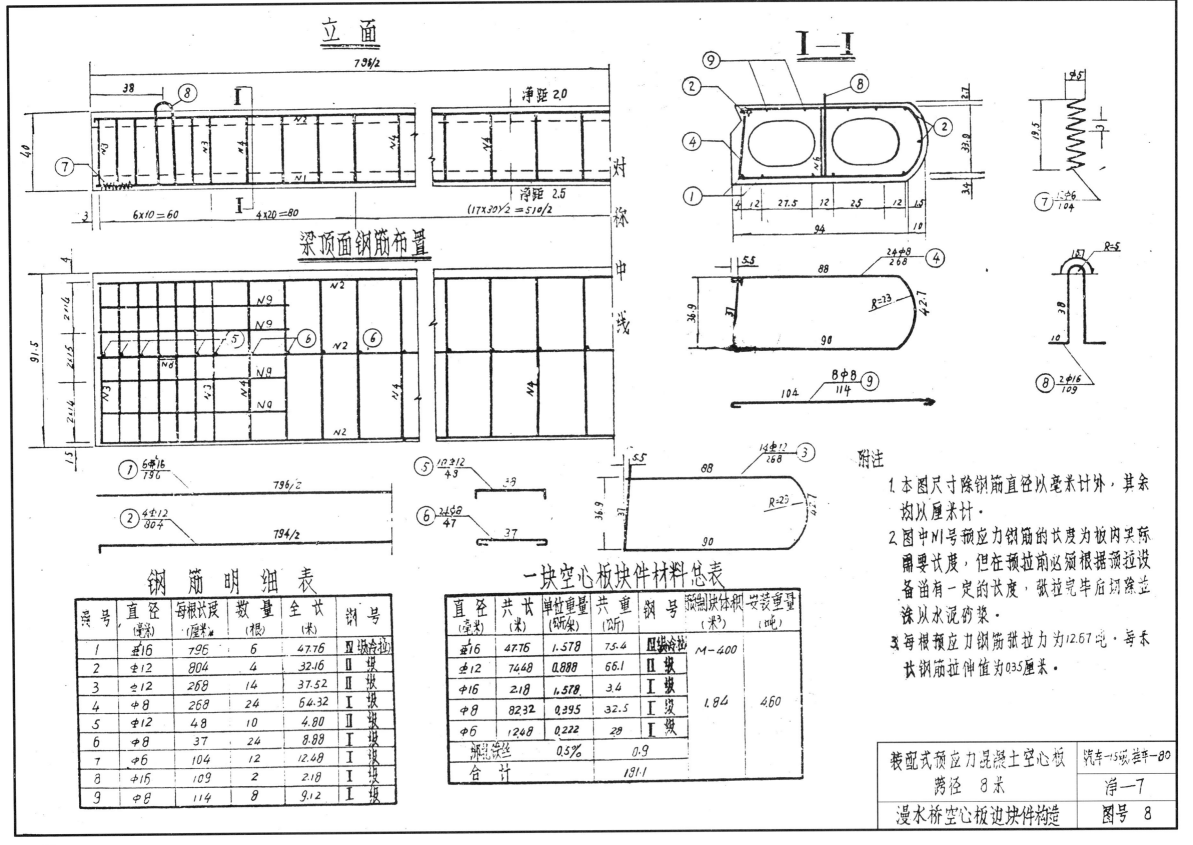

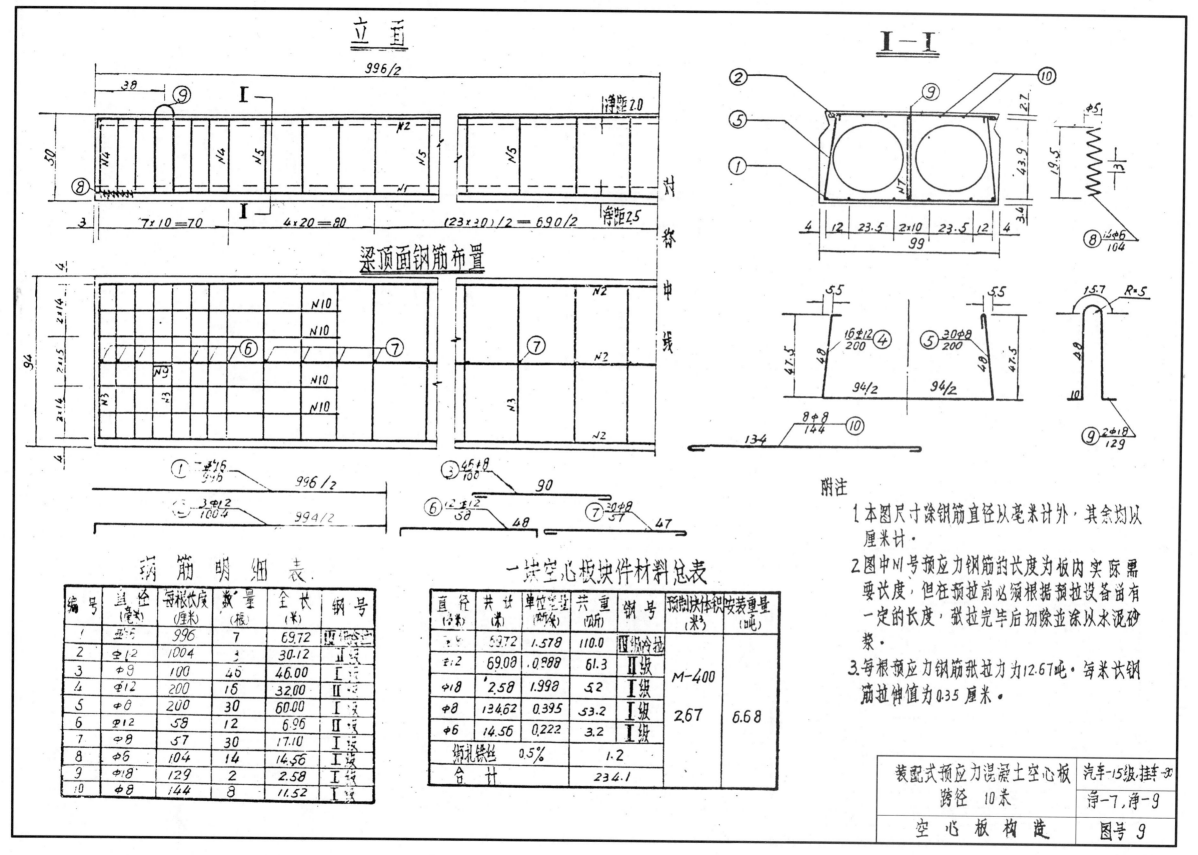

钢筋明细表

编号	直径(毫米)	每根长度(厘米)	数量(根)	全长(米)	钢号
1	Φ16	996	8	79.68	Ⅲ级(冷拉)
2	Φ12	1004	3	30.12	Ⅱ级
3	Φ8	100	46	46.00	Ⅰ级
4	Φ12	200	16	32.00	Ⅱ级
5	Φ8	200	30	60.00	Ⅰ级
6	Φ12	58	12	6.96	Ⅱ级
7	Φ8	57	30	17.10	Ⅰ级
8	Φ6	104	16	16.64	Ⅰ级
9	Φ18	129	2	2.58	Ⅰ级
10	Φ8	144	8	11.52	Ⅰ级

一块空心板块件材料总表

直径(毫米)	共长(米)	单位重量(公斤/米)	共重(公斤)	钢号	预制块体积(米³)	安装重量(吨)
Φ16	79.68	1.578	125.7	Ⅲ级冷拉	M-400 2.67	6.68
Φ12	69.08	0.888	61.3	Ⅱ级		
Φ18	2.58	1.998	5.2	Ⅰ级		
Φ8	134.62	0.395	53.2	Ⅰ级		
Φ6	16.64	0.222	3.7	Ⅰ级		
绑扎铁丝 0.5%			1.2			
合计			250.3			

附注

1. 本图尺寸除钢筋直径以毫米计外，其余均以厘米计。
2. 图中N1号预应力钢筋的长度为板内实际需要长度，但在预拉前必须根据预拉设备留有一定的长度，张拉完毕后切除並涂以水泥砂浆。
3. 每根预应力钢筋张拉力为12.67吨。每米长钢筋拉伸值为0.35厘米。

装配式预应力混凝土空心板 跨径 10米	汽车—20级 挂车—100
	净—7，净—9
空心板构造	图号 10

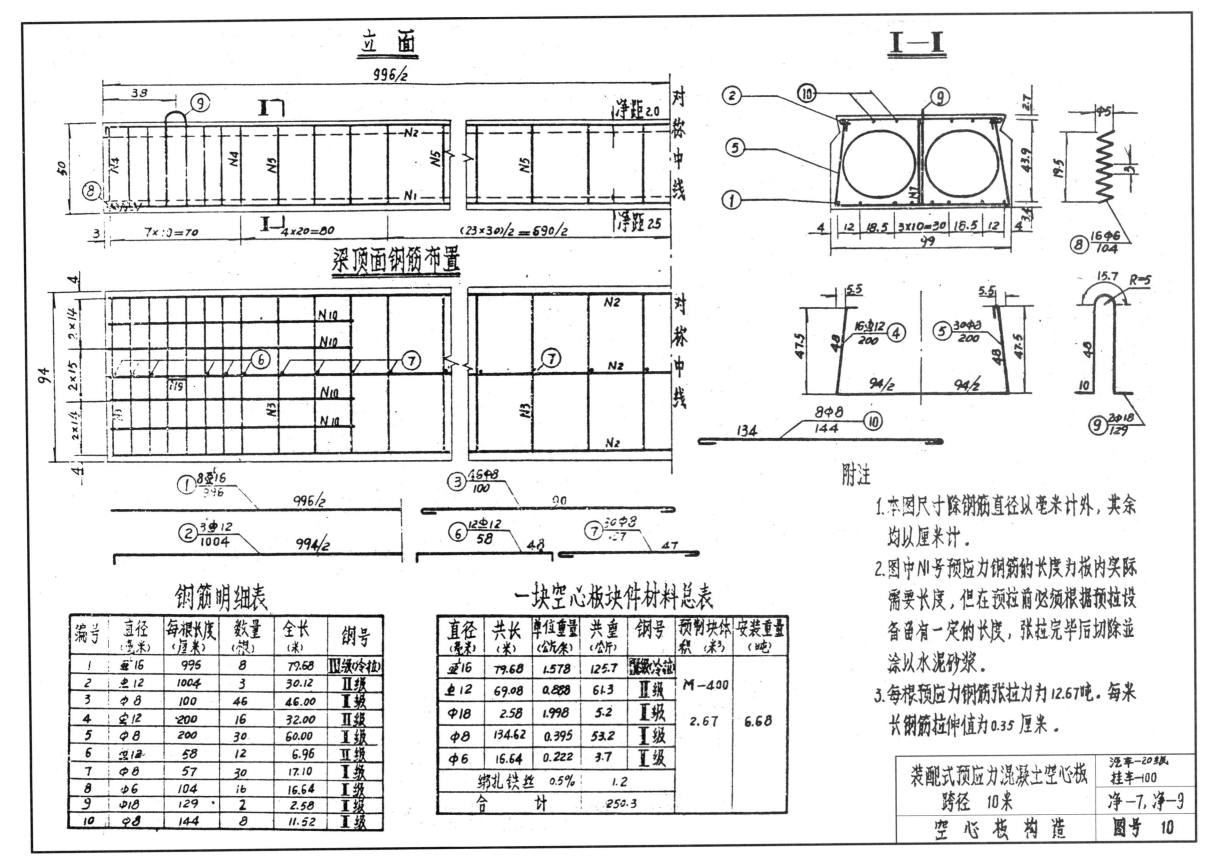

钢筋明细表

编号	直径(毫米)	每根长度(厘米)	数量(根)	全长(米)	钢号
1	Φ16	996	7	69.72	Ⅳ级冷拉
2	Φ12	1004	4	40.16	Ⅱ级
3	Φ12	287	16	45.92	Ⅱ级
4	Φ8	287	30	86.10	Ⅰ级
5	Φ12	58	12	6.96	Ⅱ级
6	Φ8	57	30	17.10	Ⅰ级
7	Φ6	104	14	14.56	Ⅰ级
8	Φ20	132	2	2.64	Ⅰ级
9	Φ8	144	8	11.52	Ⅰ级

一块空心板块件材料总表

直径(毫米)	共长(米)	单位重量(公斤/米)	共重(公斤)	钢号	预制块体体积(米³)	安装重量(吨)
Φ16	69.72	1.578	110.0	Ⅳ级冷拉	M-400	
Φ12	93.04	0.888	82.6	Ⅱ级		
Φ20	2.64	2.466	6.5	Ⅰ级		
Φ8	114.72	0.395	45.31	Ⅰ级	2.81	7.03
Φ6	14.56	0.222	3.2	Ⅰ级		
绑扎铁丝 0.5%			1.2			
合计			248.8			

附注

1. 本图尺寸除钢筋直径以毫米计外，其余均以厘米计。
2. 图中N1号预应力钢筋的长度为板内实际需要长度，但在预拉前必须根据预拉设备留有一定的长度，张拉完毕后切除並涂以水泥砂浆。
3. 每根预应力钢筋张拉力为12.67吨。每米长钢筋拉伸值为0.35厘米。

装配式预应力混凝土空心板 跨径 10米	汽车-15级 挂车-80
	净—7
漫水桥空心板边块件构造	图号 11

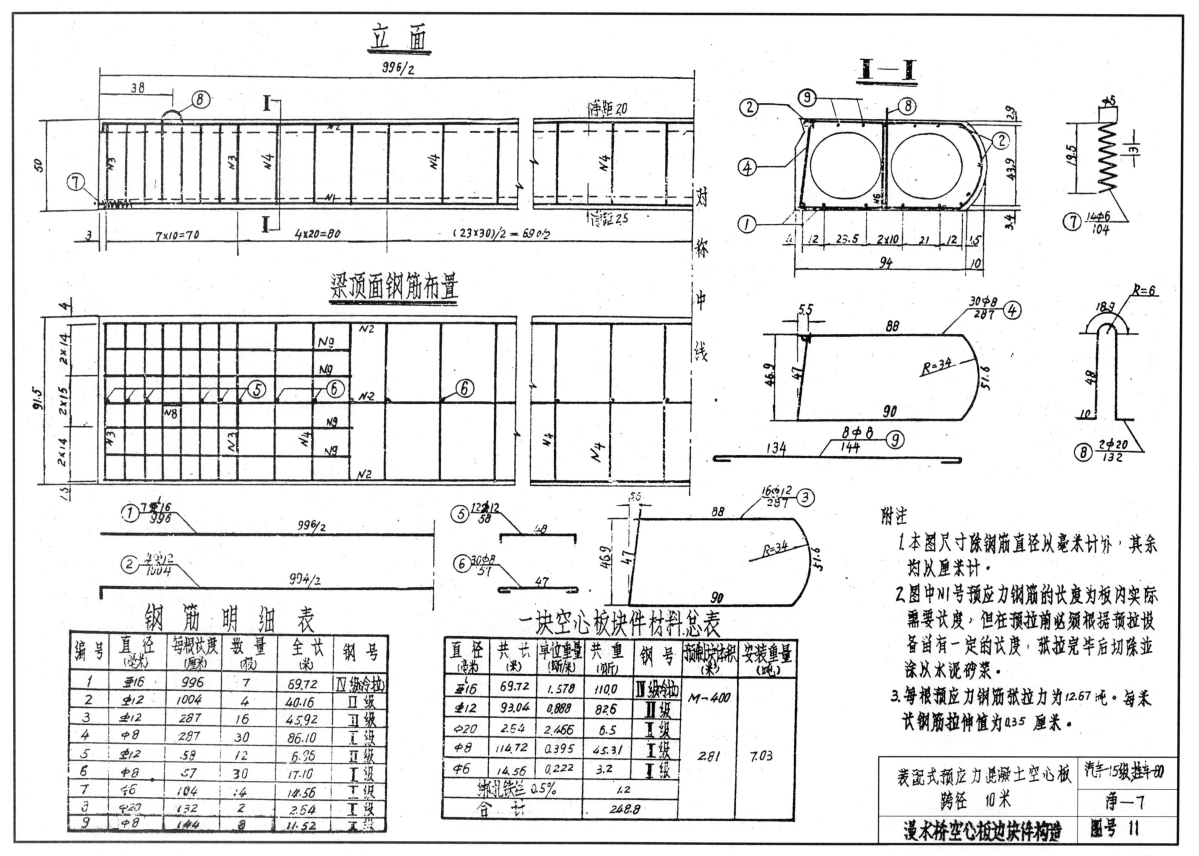

钢筋明细表

编号	直径（毫米）	每根长度（厘米）	数量（根）	全长（米）	钢号
1	Φ20	1295	6	77.76	Ⅳ级冷拉
2	Φ12	1304	3	39.12	Ⅱ级
3	Φ8	154	8	12.32	Ⅰ级
4	Φ8	100	58	58.00	Ⅰ级
5	Φ12	221	18	39.78	Ⅱ级
6	Φ8	221	40	88.40	Ⅰ级
7	Φ12	68	14	9.52	Ⅱ级
8	Φ8	67	40	26.80	Ⅰ级
9	Φ6	104	12	12.48	Ⅰ级
10	Φ22	152	2	3.04	Ⅰ级

一块空心板块件材料总表

直径（毫米）	共长（米）	单位重量（公斤/米）	共重（公斤）	钢号	预制块体积（米³）	安装重量（吨）
Φ20	77.76	2.466	191.8	Ⅳ级冷拉	M-400	
Φ12	88.42	0.888	78.5	Ⅱ级		
Φ22	3.04	2.984	9.1	Ⅰ级		
Φ8	185.52	0.395	73.3	Ⅰ级	3.86	9.65
Φ6	12.48	0.222	2.8	Ⅰ级		
绑扎铁丝		2%	1.8			
合计			357.3			

附注

1. 本图尺寸除钢筋直径以毫米计外，其余均以厘米计。
2. 图中N1号预应力钢筋的长度为板内实际需要长度，但在预拉前必须根据预拉设备留有一定的长度，张拉完毕后切除並涂以水泥砂浆。
3. 每根预应力钢筋张拉力为19.79吨。每米长钢筋拉伸值为0.35厘米。

装配式预应力混凝土空心板 跨径 13米	汽车-15级 挂车-80
	净7，净9
空心板构造	图号 12

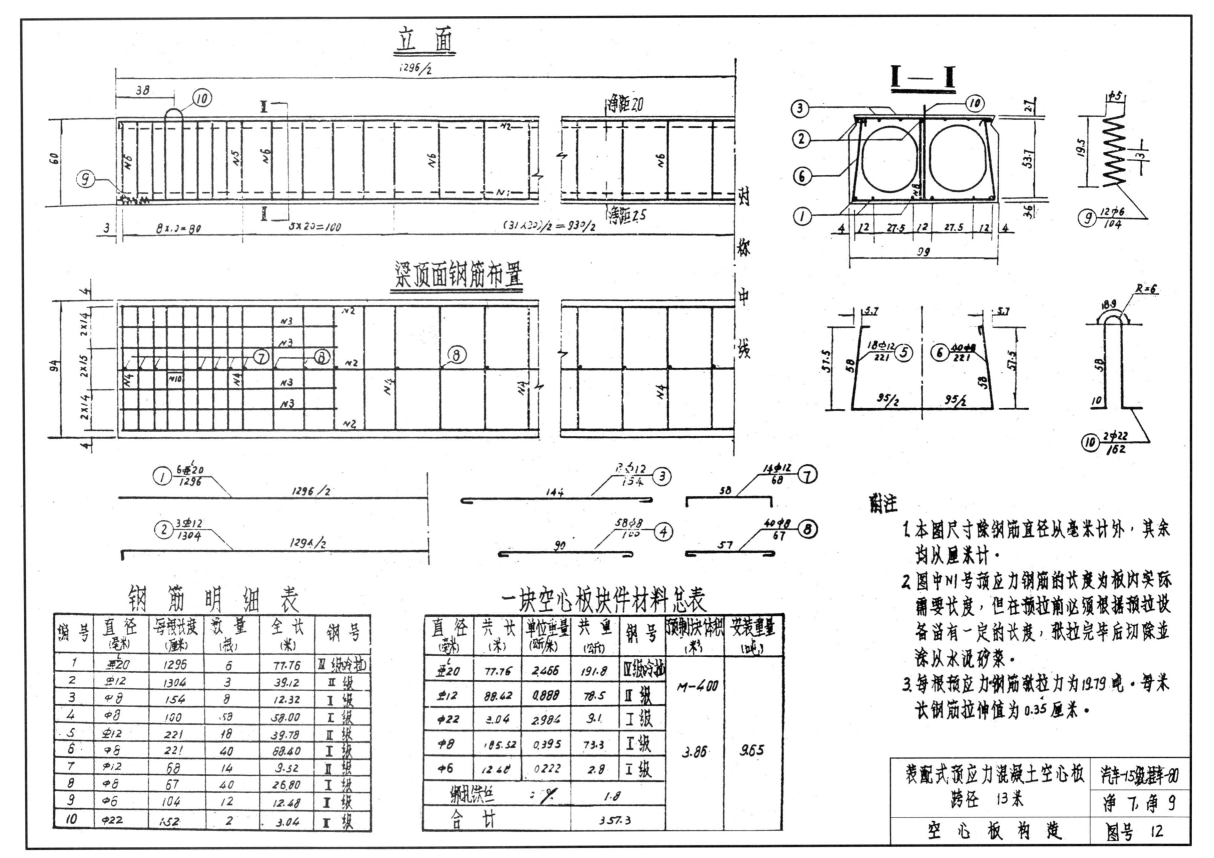

附注

1. 本图尺寸除钢筋直径以毫米计外，其余均以厘米计
2. 图中N1号预应力钢筋的长度为板内实际需要长度，但在预拉前必须根据预拉设备留有一定的长度。张拉完毕后切除并涂以水泥砂浆。
3. 每根预应力钢筋张拉力为19.79吨。每米长钢筋拉伸值为0.35厘米。

钢筋明细表

编号	直径(毫米)	每根长度(厘米)	数量(根)	全长(米)	钢号
1	Φ20	1296	7	90.72	Ⅳ级冷拉
2	Φ12	1304	3	39.12	Ⅱ级
3	Φ8	194	12	23.28	Ⅰ级
4	Φ8	100	58	58.00	Ⅰ级
5	Φ12	221	18	39.78	Ⅱ级
6	Φ8	221	40	88.40	Ⅰ级
7	Φ12	68	14	9.52	Ⅱ级
8	Φ8	67	40	26.80	Ⅰ级
9	Φ6	104	14	14.56	Ⅰ级
10	Φ22	152	2	3.04	Ⅰ级

一块空心板块件材料总表

直径(毫米)	共长(米)	单位重量(公斤/米)	共重(公斤)	钢号	预制块件体积(米³)	安装重量(吨)
Φ20	90.72	2.466	223.7	Ⅳ级(冷拉)	M-400	
Φ12	88.42	0.888	78.5	Ⅱ级		
Φ22	3.04	2.984	9.1	Ⅰ级	3.86	9.65
Φ8	196.48	0.395	77.6	Ⅰ级		
Φ6	14.56	0.222	3.2	Ⅰ级		
绑扎铁丝		0.5%	2.0			
合计			394.1			

装配式预应力混凝土空心板 跨径 13米	汽车-20级、挂车-100
	净-7，净-9
空心板构造	图号 13

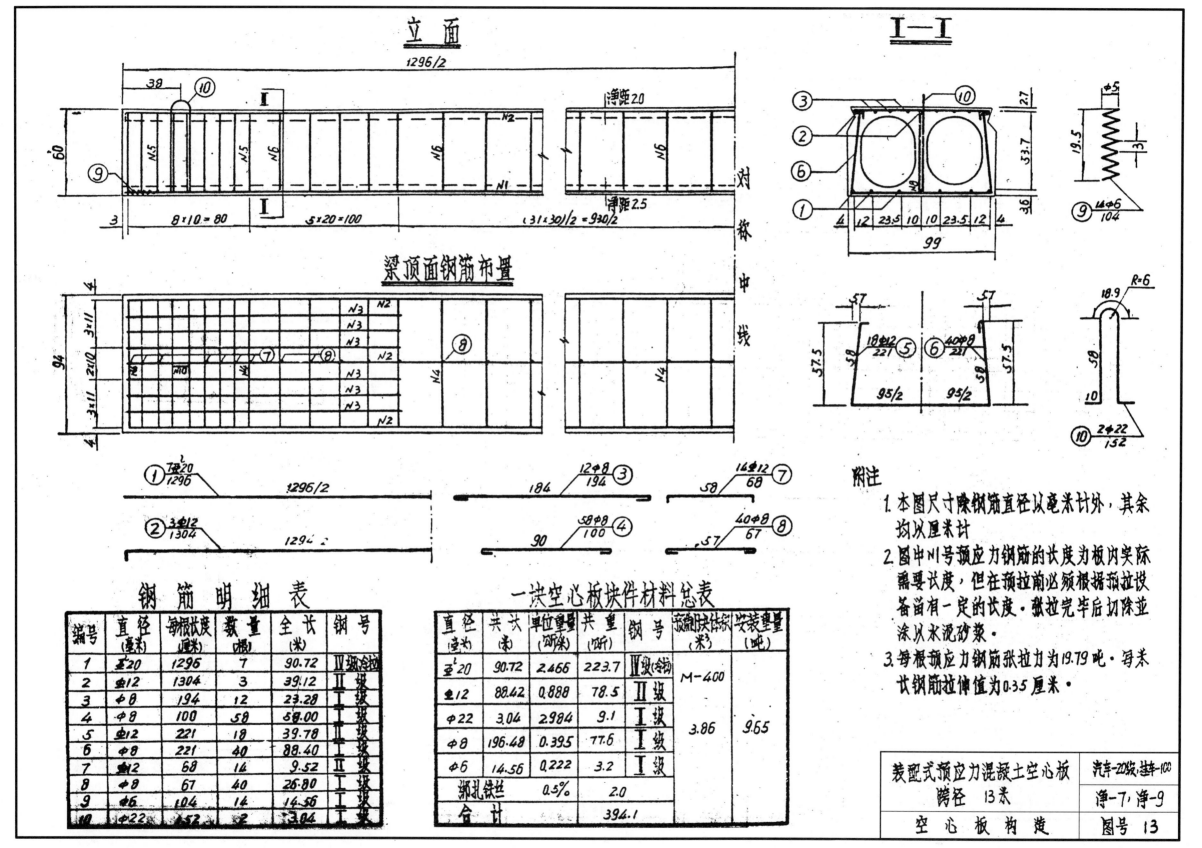

立面

I—I

梁顶面钢筋布置

附注

1. 本图尺寸除钢筋直径以毫米计外，其余均以厘米计。
2. 图中N1号预应力钢筋的长度为板内实际需要长度，但在预拉前必须根据预拉设备留有一定的长度，张拉完毕后切除並涂以水泥砂浆。
3. 每根预应力钢筋张拉力为19.79吨。每米长钢筋拉伸值为0.35厘米。

钢筋明细表

编号	直径(毫米)	每根长度(厘米)	数量(根)	全长(米)	钢号
1	Φ20	1296	6	77.76	Ⅳ级冷拉
2	Φ12	1304	4	52.12	Ⅱ级
3	Φ8	154	8	12.32	Ⅰ级
4	Φ12	301	18	54.18	Ⅱ级
5	Φ8	301	40	120.40	Ⅰ级
6	Φ12	68	14	9.52	Ⅱ级
7	Φ8	67	40	26.80	Ⅰ级
8	Φ5	104	12	12.48	Ⅰ级
9	Φ25	151	2	3.02	Ⅰ级

一块空心板块件材料总表

直径(毫米)	共长(米)	单位重量(公斤/米)	共重(公斤)	钢号	预制块体积(米³)	安装重量(吨)
Φ20	77.76	2.466	191.8	Ⅳ级冷拉	M—400	
Φ12	115.82	0.888	102.8	Ⅱ级		
Φ25	3.02	3.853	11.6	Ⅰ级	3.95	9.88
Φ8	159.52	0.395	63.0	Ⅰ级		
Φ6	12.48	0.222	2.8	Ⅰ级		
绑扎铁丝		0.5%	1.9			
合计			373.9			

装配式预应力混凝土空心板 跨径 13米	汽车-15级,挂车-80
	净—7
漫水桥空心板边块件构造	图号 14

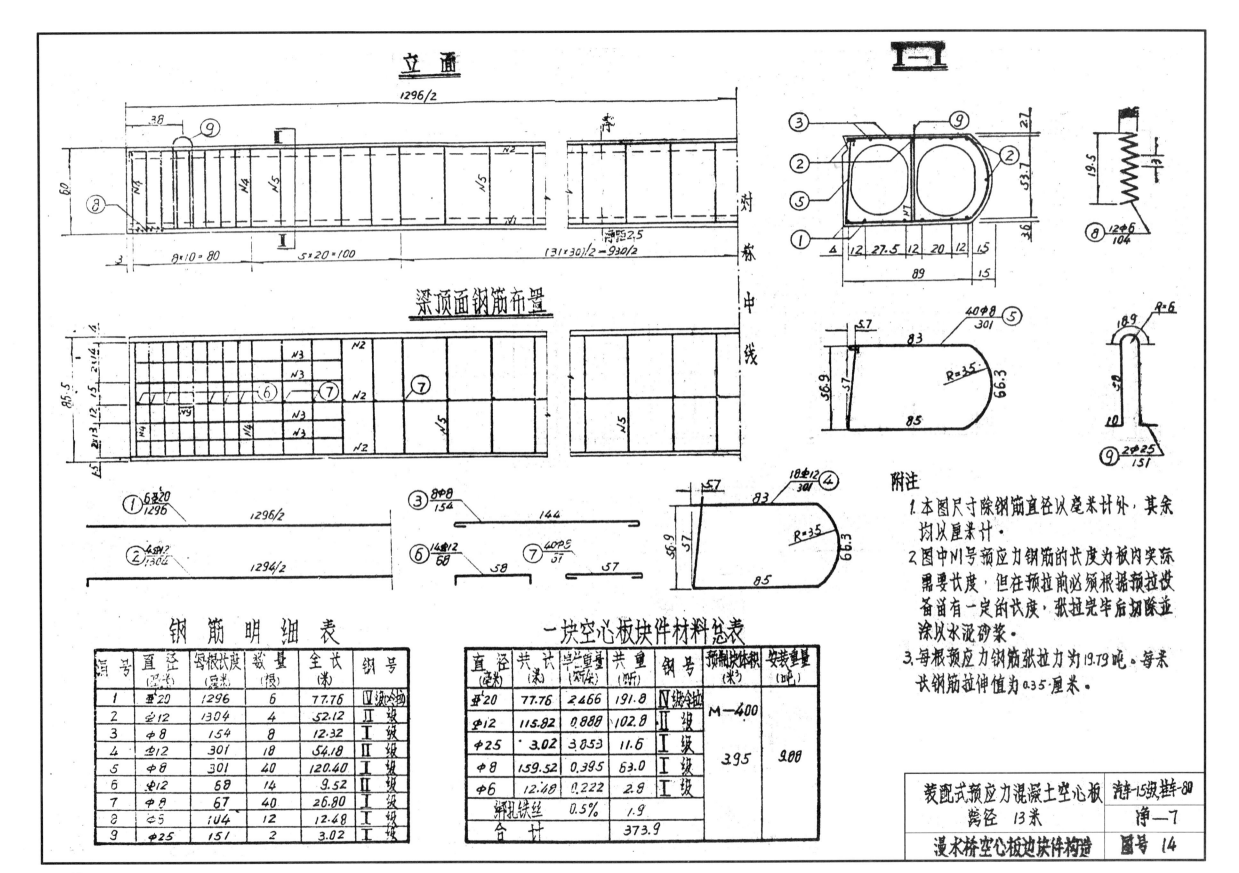

附注

1. 本图尺寸除钢筋直径以毫米计外，其余均以厘米计。
2. 图中N1号预应力钢筋的长度为板内实际需要长度，但在预拉前必须根据预拉设备留有一定的长度，张拉完毕后切除並涂以水泥砂浆。
3. 每根预应力钢筋张拉力为19.79吨。每米长钢筋拉伸值为0.35厘米。

钢 筋 明 细 表

编号	直径(毫米)	每根长度(厘米)	数量(根)	全长(米)	钢号
1	Φ20	1596	7	111.72	Ⅳ级(冷拉)
2	Φ12	1604	3	48.12	Ⅱ级
3	Φ14	206	8	16.48	Ⅱ级
4	Φ8	100	70	70.00	Ⅰ级
5	Φ12	241	20	48.20	Ⅲ级
6	Φ8	241	50	120.50	Ⅰ级
7	Φ12	78	16	12.48	Ⅲ级
8	Φ8	77	50	38.50	Ⅰ级
9	Φ6	104	14	14.56	Ⅰ级
10	Φ25	171	2	3.42	Ⅰ级

一块空心板块件材料总表

直径(毫米)	共长(米)	单位重量(公斤/米)	共重(公斤)	钢号	预制块体积(米³)	安装重量(吨)
Φ20	111.72	2.466	275.5	Ⅲ级冷拉	M-400	
Φ14	16.48	1.208	19.9	Ⅲ级		
Φ12	108.80	0.888	96.6	Ⅲ级		
Φ25	3.42	3.853	13.2	Ⅰ级	5.12	12.80
Φ8	229.00	0.395	90.5	Ⅰ级		
Φ6	14.56	0.222	3.2	Ⅰ级		
绑扎铁丝		0.5%	2.5			
合计			501.4			

装配式预应力混凝土空心板 跨径 15米	汽车-15级 挂车-80
	荷-7，净-9
空心板构造	图号 15

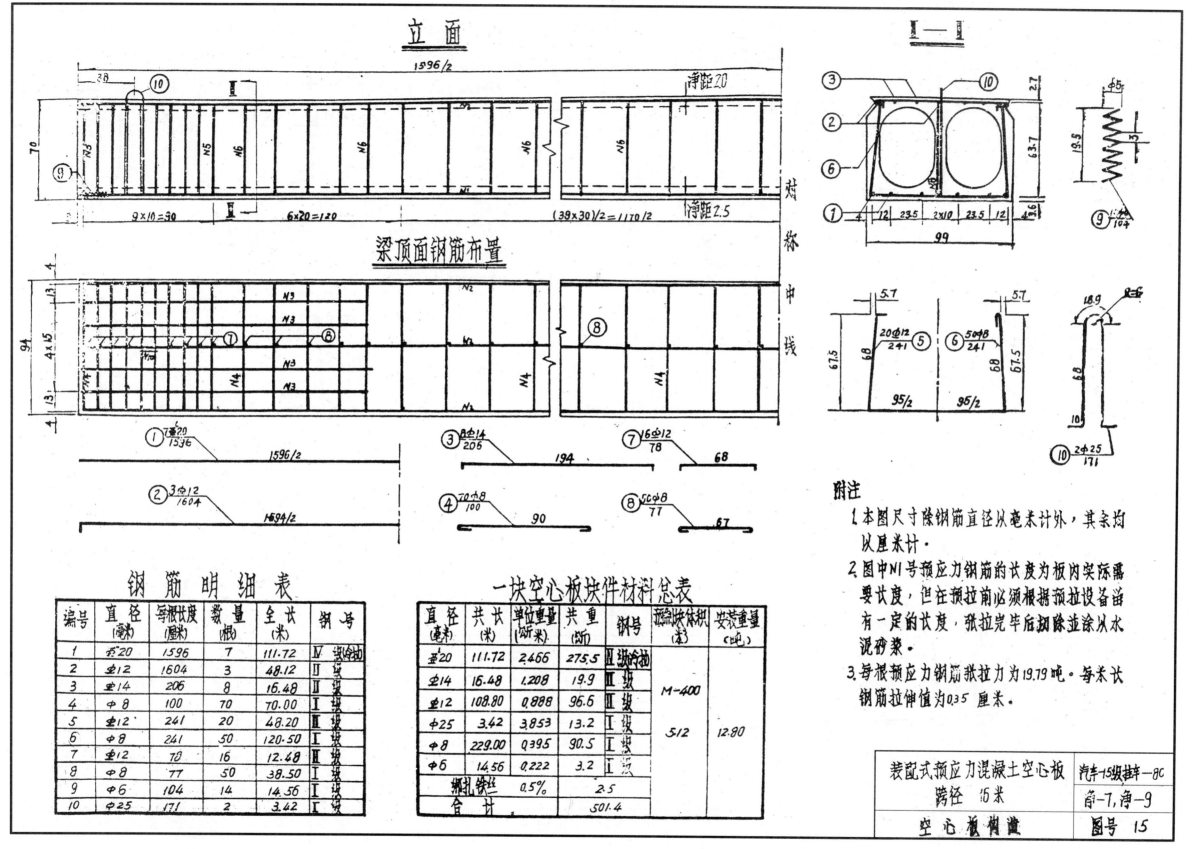

附注

1. 本图尺寸除钢筋直径以毫米计外，其余均以厘米计。
2. 图中N1号预应力钢筋的长度为板内实际需要长度，但在预拉前必须根据预拉设备留有一定的长度，张拉完毕后切除并涂以水泥砂浆。
3. 每根预应力钢筋张拉力为19.79吨。每米长钢筋拉伸值为0.35厘米。

钢筋明细表

编号	直径（毫米）	每根长度（厘米）	数量（根）	全长（米）	钢号
1	Φ20	1596	8	127.68	Ⅳ级(冷拉)
2	Φ12	1604	3	48.12	Ⅱ级
3	Φ16	257	8	20.56	Ⅱ级
4	Φ8	100	70	70.00	Ⅰ级
5	Φ12	241	20	48.20	Ⅱ级
6	Φ8	241	50	120.50	Ⅰ级
7	Φ12	78	16	12.48	Ⅱ级
8	Φ8	77	50	38.50	Ⅰ级
9	Φ6	104	16	16.64	Ⅰ级
10	Φ25	171	2	3.42	Ⅰ级

一块空心板块件材料总表

直径（毫米）	共长（米）	单位重量（公斤/米）	共重（公斤）	钢号	预制块体积（米³）	安装重量（吨）
Φ20	127.68	2.466	314.9	Ⅳ级(冷拉)	M—400	
Φ16	20.56	1.578	32.4	Ⅱ级		
Φ12	108.80	0.888	96.6	Ⅱ级		
Φ25	3.42	3.853	13.2	Ⅰ级		
Φ8	229.00	0.395	90.5	Ⅰ级	5.12	12.80
Φ6	16.64	0.222	3.7	Ⅰ级		
绑扎铁丝		0.5%	2.8			
合计			554.1			

装配式预应力混凝土空心板 跨径 16米	汽车-20级，挂车-100 净-7，净-9
空心板构造	图号 16

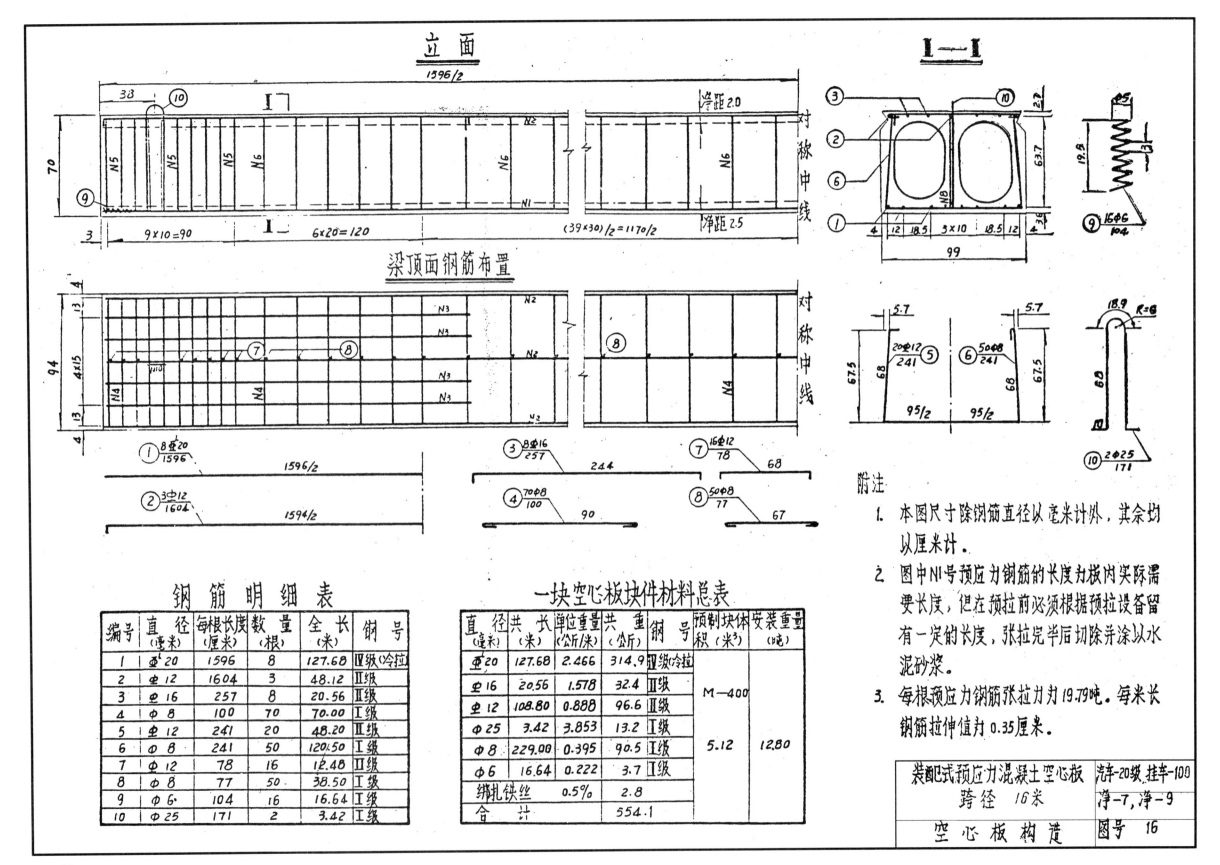

中华人民共和国交通部部标准

公路桥涵标准图

装配式钢筋混凝土矩形板式桥涵上部构造

JT/GQB 004-73

编制单位： 交通部公路规划设计院

批准单位： 交通部

跨　径： 1.5　2.0　2.5　3.0　4.0　5.0　6.0　8.0(米)

荷　载： 汽车-20级　　挂车-100

净　空： 净-7　　净-7附2×0.75米人行道
　　　　　净-9　　净-9附2×1.00米人行道

桥面与路基同宽

人民交通出版社

1978年·北京

目 录

名　　　称	适用范围	图号	名　　　称	适用范围	图号
说明			1.00米人行道构造	L=4.0米	19
装配式钢筋混凝土板式桥涵立体图			人行道一般构造	L=5.0米	20
矩形板内力计算表		1	0.75米人行道构造	L=5.0米	21
矩形板桥上部构造一般构造		2	1.00米人行道构造	L=5.0米	22
单孔桥16锰钢筋上部构造材料总表（一）（二）		3，4	0.75米人行道材料表 1.00	L=4.0米；L=5.0米	23
16锰钢筋矩形板行车道块件	L=1.5米	5	人行道一般构造	L=6.0米	24
16锰钢筋矩形板行车道块件	L=2.0米	6	0.75米人行道构造	L=6.0米	25
16锰钢筋矩形板行车道块件	L=2.5米	7		L=6.0米	26
16锰钢筋矩形板行车道块件	L=3.0米	8	1.00米人行道构造	L=6.0米	
16锰钢筋矩形板行车道块件	L=4.0米	9	0.75米人行道材料表 1.00	L=6.0米	27
16锰钢筋矩形板行车道块件	L=5.0米	10	人行道一般构造	L=8.0米	28
16锰钢筋矩形板行车道块件	L=6.0米	11	0.75米人行道构造	L=8.0米	29
16锰钢筋矩形板行车道块件	L=8.0米	12	1.00米人行道构造	L=8.0米	30
配人行道的行车道边部块件	L=4.0米	13	0.75米人行道材料表 1.00	L=8.0米	31
配人行道的行车道边部块件	L=5.0米	14	低栏杆一般构造	L=3.0米～8.0米	32
配人行道的行车道边部块件	L=6.0米	15	低栏杆、扶手构造	L=3.0米～8.0米	33
配人行道的行车道边部块件	L=8.0米	16	高栏杆一般构造	L=4.0米～8.0米	34
人行道一般构造	L=4.0米	17	高栏杆、扶手构造	L=4.0米～8.0米	35
0.75米人行道构造	L=4.0米	18			

说　明

一、技术标准与设计规范

本图编制主要依据：

（一）中华人民共和国交通部部标准《公路工程技术标准》（试行）

（二）中华人民共和国交通部部标准《公路桥涵设计规范》（试行）

二、技术指标

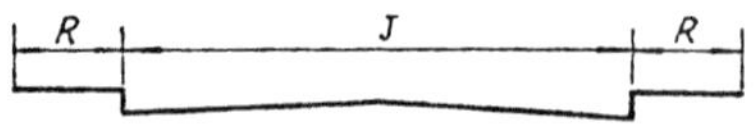

人行道或安全带边缘间的宽度J（米）	7	9
人行道或安全带的宽度R（米）	0.25； 0.75	0.25； 1.00
车辆荷载	汽车—20级，	挂车—100
配合的路基宽度（米）	8.5； 10.0； 12.0； 与路基同宽	
适用公路等级	二	

三、主要材料

（一）混凝土标号：预制板采用 250 号，铺装采用 250 号，填接缝采用 300 号（小石子混凝土），人行道、栏杆采用 200 号。

（二）钢筋：采用 3 号、16 锰二种钢筋。

四、设计要点

（一）设人行道时，由于行车道边板有效厚同样计入铺装，且接缝处设有钢筋网，故水泥混凝土铺装须铺至人行道下面全宽，沥青表处则只铺到桥面净宽处。

（二）桥面设 1.5% 横向排水坡，板厚不变，将三角垫层设在墩台帽上，并在三角垫层上垫一厘米油毛毡垫层，人行道作成内向 1% 的横向排水坡，当下部配用轻型桥台时，两端设置栓钉与墩台锚固，当下部配用重力式墩台时，只需一端设栓钉与墩台锚固。

（三）设计数据见矩形板内力计算表。

（四）分布钢筋数量无论主筋数量多少，均取 φ6，中距 25 厘米。

（五）人行道板主筋之净距略小于《公路桥涵设计规范》规定。主筋靠近梁梗处未弯起。

（六）各跨行车道板有效厚度，均计入桥面水泥混凝土铺装 4 厘米，其余作为磨耗层。

（七）本设计按一阶段受力计算，由于未按两阶段受力验算应力与抗裂，故钢筋应力未用足，在变更钢筋直径时，要考虑这些因素。

（八）本图配用的下部构造为轻型桥台标准图（编号 JT/GQB 007—73）。

（九）行车道块件的活载及安全带人行道等不均匀恒载横向分配系数，按铰接板计算。

五、施工要点

（一）预制块件时必须在混凝土达到设计强度 70% 后，才容许脱底模堆放和运输，另外在堆放时，必须在块件端锚栓孔附近两点搁支，不得上下倒置。

（二）行车道块件安装后，采用同标号的小石子混凝土填塞块件端之缝隙；接缝处的钢筋网按图弯折搭接并以铁丝绑扎。再将桥面及接缝清扫冲洗充分湿润以后，浇接缝处 300 号小石子混凝土（注意捣实），铺装须在填接缝混凝土终凝以前完成。当桥面过宽时，桥面铺装混凝土顶面应设纵向缩缝，其间距为 6—7 米。

（三）为使铺装与预制板混凝土紧密结合，要求将预制板面拉毛。

六、其他

本图配有路缘石，路缘石上加低栏杆和人行道上加高栏杆，建议，当桥面与路基同宽，跨径 L<3 米及 3 米≤L≤8 米，路基不高时，只设路缘石；当桥面与路基同宽，3 米≤L≤8 米，路基较高时，设路缘石加低栏杆；当桥面小于路基宽度，L>8 米时，附路缘石加低栏杆；当 L≥12 米，必要时设人行道加高栏杆。

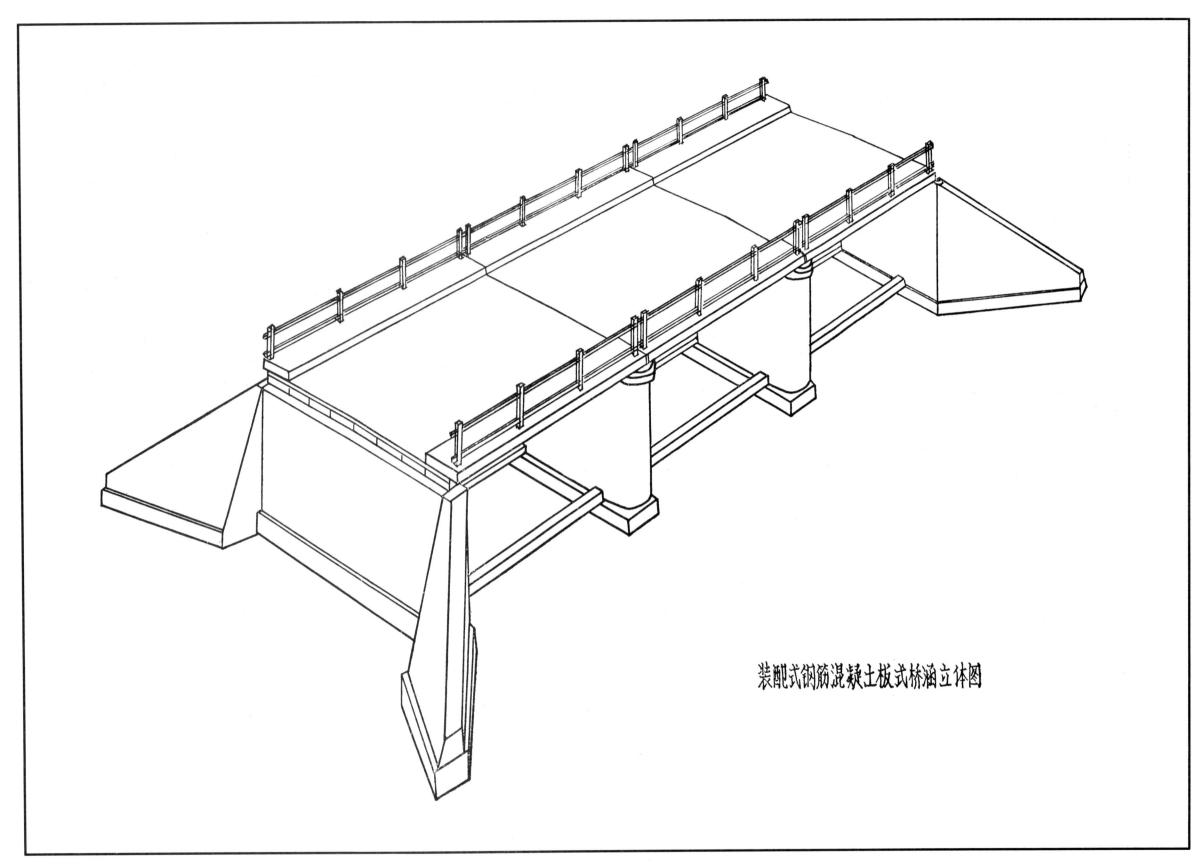

装配式钢筋混凝土板式桥涵立体图

矩形板内力计算表

跨径（米）	上部构造全长（米）	净跨径（米）	计算跨径（米）	计算采用值		预制板厚度（厘米）	一块行车道板中部块件钢筋用量（根）	混凝土标号	1.0米板宽度内的应力（公斤/厘米^2）					
				跨径中点力矩（吨-米）	支点剪力（吨）				跨径中点应力				剪应力	
									混凝土		钢筋		支点	
									容许	实际	容许	实际	容许	实际
1.5	1.48	1.10	1.29	2.09	8.34	16	7Φ12	250	110	63.4	1850	1722	8	5.85
2.0	1.98	1.40	1.60	2.58	8.62	16	8Φ12	250	110	74.3	1850	1868	8	6.10
2.5	2.48	1.90	2.10	3.34	9.41	16	11Φ12	250	110	86.0	1850	1790	8	6.42
3.0	2.98	2.40	2.62	4.21	10.39	18	9Φ14	250	110	87.4	1850	1820	8	6.70
4.0	3.98	3.40	3.66	6.88	11.50	22	12Φ14	250	110	94.5	1850	1854	8	5.96
5.0	4.98	4.40	4.69	10.19	12.31	25	10Φ18	250	110	103.0	1850	1788	8	6.05
6.0	5.98	5.40	5.69	13.72	12.92	28	12Φ18	250	110	108.4	1850	1802	8	5.70
8.0	7.98	7.40	7.69	22.08	14.74	36	12Φ20	250	110	108.0	1850	1840	8	5.08

附注

本表所列为1.0米宽度板的内力值，供换算钢筋用。

装配式钢筋混凝土板式桥涵上部构造	汽车-20级、挂车-100	
跨径：1.5, 2.0, 2.5, 3.0, 4.0, 5.0, 6.0 8.0米	净-7 净-9	桥面与路基同宽
矩形板内力计算表	图号	1

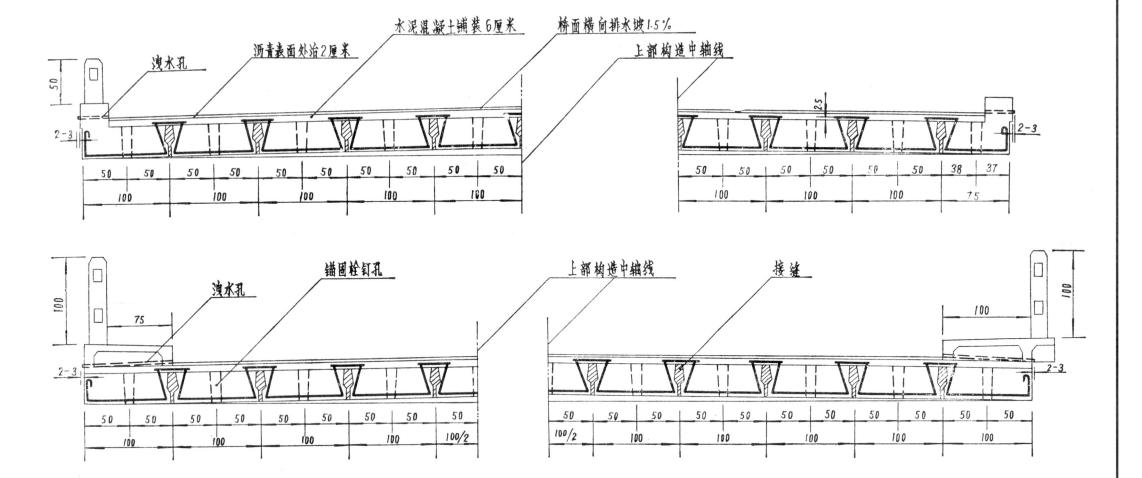

附注 1. 本图尺寸均以厘米为单位。

2. 墩台帽的三角垫层,当横断面上的预制板总块数为奇数时,位于中轴线的块件处为平坡。在多孔桥梁中,应在缘石或人行道中酌留洩水孔,并在出水口处做滴水。

3. 桥面铺装的混凝土标号,各跨径均采用250号,桥面铺装厚度,跨径1—6米为6厘米,仅跨径8米采用7厘米。在有条件时上铺2厘米沥青表处,各跨则均铺水泥混凝土6厘米,并按此计算工程量。

装配式钢筋混凝土板式桥涵上部构造	汽车20级挂车-100
跨径:1.5、2.0、2.5、3.0、4.0、5.0、6.0、8.0米	净-7/净-9 桥面与路基同宽
矩形板桥上部构造一般构造	图号 2

跨径(米)	桥面与路基同宽（单孔桥）																			
	8.5米										10.0米									
	钢筋（公斤）							铁丝	250号混凝土	300号混凝土	钢筋（公斤）							铁丝	250号混凝土	300号混凝土
	Φ6	Φ8	⌀12	⌀14	⌀18	⌀20	总计	(公斤)	(米³)	(米³)	Φ6	Φ8	⌀12	⌀14	⌀18	⌀20	总计	(公斤)	(米³)	(米³)
1.5	29.9	24.0	80.8	—	—	—	134.7	0.7	2.9	0.08	34.0	26.4	96.0	—	—	—	156.4	0.8	3.4	0.09
2.0	37.7	32.0	123.3	—	—	—	193.0	1.0	3.9	0.08	43.0	35.2	145.0	—	—	—	223.2	1.1	4.6	0.09
2.5	47.3	40.0	214.2	—	—	—	301.5	1.5	4.9	0.08	53.6	44.0	248.0	—	—	—	345.6	1.7	5.7	0.09
3.0	56.2	48.0	—	284.9	—	—	389.1	1.9	6.4	0.16	63.8	52.8	—	333.0	—	—	449.6	2.2	7.4	0.18
4.0	74.9	64.0	—	500.5	—	—	639.4	3.2	9.7	0.24	84.8	70.4	—	589.0	—	—	744.2	3.7	11.4	0.27
5.0	96.1	79.8	—	—	874.7	—	1050.6	5.3	13.4	0.40	108.8	87.8	—	—	1017.0	—	1213.6	6.1	15.6	0.45
6.0	116.8	96.0	—	—	1241.0	—	1453.8	7.3	17.5	0.48	132.0	105.6	—	—	1460.0		1697.6	8.5	20.5	0.54

跨径(米)	桥面与路基同宽（单孔桥）									
	12.0米									
	钢筋（公斤）							铁丝	250号混凝土	300号混凝土
	Φ6	Φ8	⌀12	⌀14	⌀18	⌀20	总计	(公斤)	(米³)	(米³)
1.5	40.2	31.2	115.2	—	—	—	186.6	0.9	4.1	0.11
2.0	50.8	41.6	174.0	—	—	—	266.4	1.3	5.4	0.11
2.5	63.4	52.0	297.6	—	—	—	413.0	2.1	6.7	0.11
3.0	75.4	62.4	—	399.6	—	—	537.4	2.7	8.8	0.22
4.0	100.2	83.2	—	706.8	—	—	890.2	4.5	13.5	0.33
5.0	128.6	103.8	—	—	1220.4	—	1452.8	7.3	18.6	0.55
6.0	156.0	124.8	—	—	1752.0	—	2032.8	10.2	24.4	0.66

附注 1. 本材料总表中未列入低栏杆扶手及沥青表处数量。当有人行道时则高栏杆，扶手数量已列入。

2. 栓钉采用与所在跨径主筋相同的钢筋，但在无台背时每一个锚栓孔内放两根栓钉；有台背时放一根栓钉，本材料总表中未列入数量。

装配式钢筋混凝土板式桥涵上部构造	汽车-20级，挂车-100
跨径：1.5, 2.0, 2.5, 3.0, 4.0, 5.0, 6.0米	桥面与路基同宽
单孔桥16锰钢筋上部构造材料总表（一）	图号 3

跨径(米)	净-7+2×0.75米人行道(单孔桥) 9.0米 钢筋(公斤) Φ6	Φ8	Φ10	ℛ14	ℛ18	ℛ20	总计	铁丝(公斤)	200号混凝土(米³)	250号混凝土(米³)	300号混凝土(米³)
4.0	117.3	119.6	18.6	530.1	—	—	785.6	3.9	1.3	9.7	0.24
5.0	149.1	152.4	18.6	—	915.3	—	1235.4	6.2	1.6	12.5	0.40
6.0	179.6	182.4	24.8	—	1314.0	—	1700.8	8.5	1.9	17.7	0.48
8.0	249.8	240.5	24.8	—	—	2160.0	2675.1	13.4	2.5	29.9	0.88

跨径(米)	净-9+2×1.0米人行道(单孔桥) 11.0米 钢筋(公斤) Φ6	Φ8	Φ10	ℛ14	ℛ18	ℛ20	总计	铁丝(公斤)	200号混凝土(米³)	250号混凝土(米³)	300号混凝土(米³)
4.0	137.5	137.2	18.6	647.9	—	—	941.2	4.7	1.5	11.9	0.30
5.0	174.9	174.8	18.6	—	1118.7	—	1487.0	7.4	1.9	16.4	0.50
6.0	212.0	209.6	24.8	—	1606.0	—	2052.4	10.3	2.2	21.6	0.60
8.0	294.1	275.5	24.8	—	—	2640.0	3234.4	16.2	2.9	36.5	1.10

跨径(米)	净-7,无人行道(单孔桥) 7.5米 钢筋(公斤) Φ6	Φ8	ℛ12	ℛ14	ℛ18	ℛ20	总计	铁丝(公斤)	250号混凝土(米³)	300号混凝土(米³)
1.5	26.8	21.6	71.2	—	—	—	119.6	0.6	2.6	0.07
2.0	33.8	28.8	108.8	—	—	—	171.4	0.9	3.5	0.07
2.5	42.4	36.0	189.4	—	—	—	267.8	1.3	4.3	0.07
3.0	50.4	43.2	—	251.6	—	—	345.2	1.7	5.7	0.14
4.0	67.2	57.6	—	441.6	—	—	566.4	2.8	8.7	0.21
5.0	86.2	71.8	—	—	773.0	—	931.0	4.7	11.9	0.35
6.0	104.8	86.4	—	—	1095.0	—	1286.2	6.4	15.5	0.42
8.0	149.6	114.4	—	—	—	1800.0	2064.0	10.3	25.9	0.77

跨径(米)	净-9,无人行道(单孔桥) 9.5米 钢筋(公斤) Φ6	Φ8	ℛ12	ℛ14	ℛ18	ℛ20	总计	铁丝(公斤)	250号混凝土(米³)	300号混凝土(米³)
1.5	33.0	26.4	90.4	—	—	—	149.8	0.7	3.3	0.09
2.0	41.6	35.2	137.8	—	—	—	214.6	1.1	4.3	0.09
2.5	52.2	44.0	239.0	—	—	—	335.2	1.7	5.4	0.09
3.0	62.0	52.8	—	318.2	—	—	433.0	2.2	7.1	0.18
4.0	82.6	70.4	—	559.4	—	—	712.4	3.6	10.8	0.27
5.0	106.0	87.8	—	—	976.4	—	1170.2	5.9	14.9	0.45
6.0	128.8	105.6	—	—	1387.0	—	1621.4	8.1	19.5	0.54
8.0	183.8	139.8	—	—	—	2280.0	2603.6	13.0	32.5	0.99

装配式钢筋混凝土板式桥涵上部构造	汽车-20级,挂车-100
跨径:1.5,2.0,2.5,3.0,4.0,5.0,6.0,8.0米	净-7,净-9
单孔桥16锰钢筋上部构造材料总表(二)	图号 4

纵断面

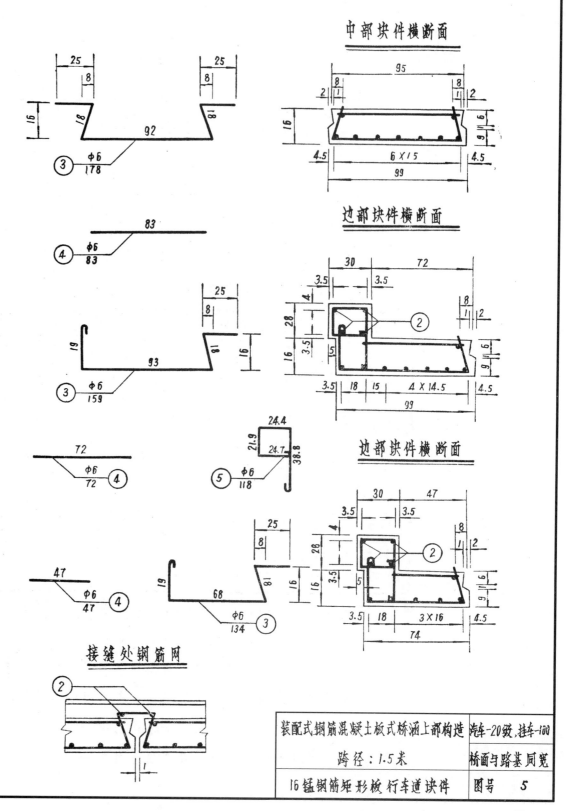

①

③

中部块件横断面

6

④
③
④

边部块件横断面

4
6

边部块件横断面

4
6

④
③

接缝处钢筋网

1

一块行车道块件材料总表

块件名称	钢筋编号	钢筋直径(毫米)	每根长度(厘米)	数量(根)	共重(公斤)	总重(公斤)	混凝土体积(米³) 预制板(M-250)	混凝土体积(米³) 填接缝(M-300)	安装重量(吨)
中部块件(0.99米)	1	R12	154	7	9.6	15.1	0.23	0.01	0.57
	2	φ8	154	4	2.4				
	3	φ6	178	7	3.1				
	4	φ6	83	2					
边部块件(0.99米)	1	R12	154	7	9.6	17.8	0.36	0.01	0.90
	2	φ8	154	6	3.6				
	3	φ6	159	7	4.6				
	4	φ6	72	2					
	5	φ6	118	7					
边部块件(0.74米)	1	R12	154	5	6.8	14.5	0.30	0.01	0.75
	2	φ8	154	6	3.6				
	3	φ6	134	7	4.1				
	4	φ6	47	2					
	5	φ6	118	7					

附注 1、本图尺寸除钢筋直径以毫米计外，其余均以厘米为单位。

2、锚栓孔如遇板内主筋，可将主筋平弯绕孔通过。

3、块件吊装位置应安置在距两端30厘米处，采用钢绳绑捆(注意预制时安排穿绳)等办法起吊，不准利用锚栓孔吊装。

4、N4号钢筋为固定架立钢筋之顶撑。

5、行车道块件预制时不宜大于图注宽度。

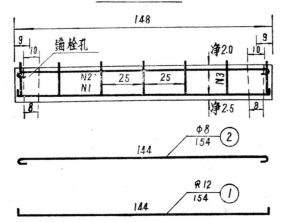

装配式钢筋混凝土板式桥涵上部构造	汽车-20级、挂车-100
跨径：1.5米	桥面与路基同宽
16锰钢筋矩形板行车道块件	图号 5

纵断面

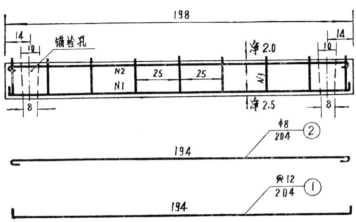

中部块件横断面

2
9

边部块件横断面

2
5
9

边部块件横断面

2
5
9

一块行车道块件材料总表

块件名称	钢筋编号	钢筋直径(毫米)	每根长度(厘米)	数量(根)	共重(公斤)	总重(公斤)	混凝土体积(米³) 预制板(M-250)	混凝土体积(米³) 填接缝(M-300)	安装重量(吨)
中部块件(0.99米)	1	Ø12	204	8	14.5	21.6	0.31	0.01	0.77
	2	φ8	204	4	3.2				
	3	φ6	178	9	3.9				
	4	φ6	83	2					
边部块件(0.99米)	1	Ø12	204	8	14.5	25.2	0.48	0.01	1.20
	2	φ8	204	6	4.8				
	3	φ6	159	9	5.9				
	4	φ6	72	2					
	5	φ6	118	9					
边部块件(0.74米)	1	Ø12	204	6	10.9	20.9	0.40	0.01	1.00
	2	φ8	204	6	4.8				
	3	φ6	134	9	5.2				
	4	φ6	47	2					
	5	φ6	118	9					

附注 1.本图尺寸除钢筋直径以毫米计外，其余均以厘米为单位。

2.锚栓孔如遇板内主筋，可将主筋平弯绕孔通过。

3.块件吊装位置应安置在距两端40厘米处采用钢绳绑捆（注意预制时安排穿绳）等办法起吊，不准利用锚栓孔吊装。

4.N4号钢筋为固定架立钢筋之顶撑。

5.行车道块件预制时不宜大于图注宽度。

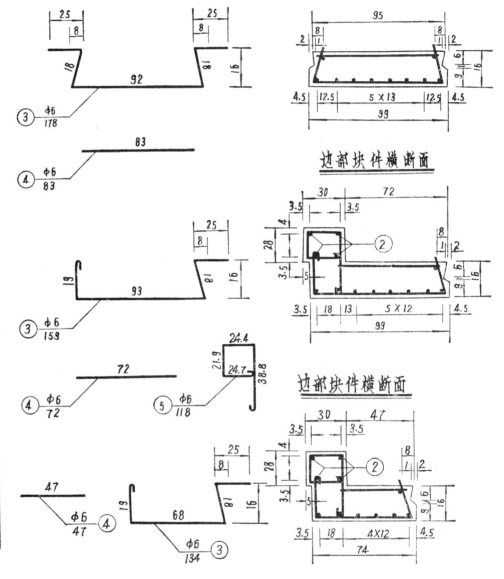

接缝处钢筋网

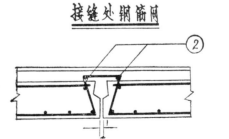

2

装配式钢筋混凝土板式桥涵上部构造	汽车-20级 挂车-100	
跨径：2.0米	桥面与路基同	
16锰钢筋矩形板行车道块件	图号	6

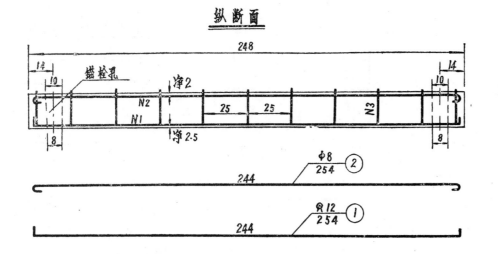

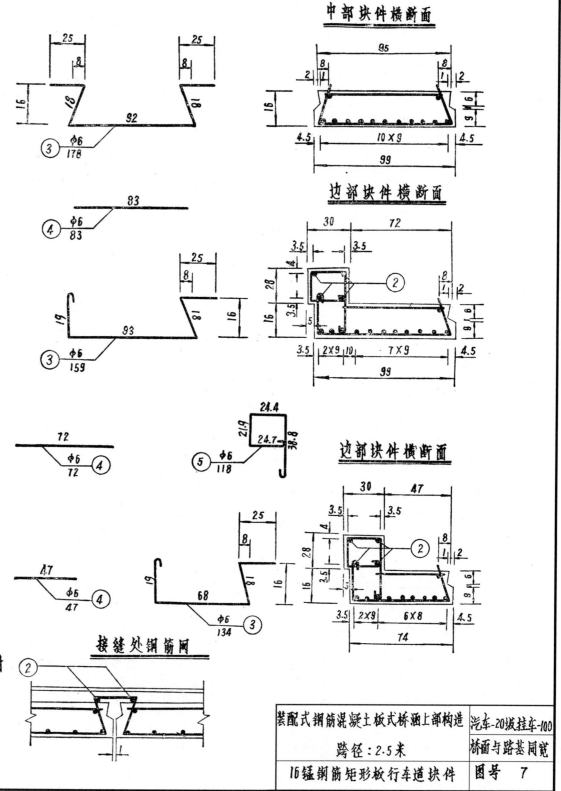

纵断面

一块行车道块件材料总表

块件名称	钢筋编号	钢筋直径(毫米)	每根长度(厘米)	数量(根)	共重(公斤)	总重(公斤)	混凝土体积(米³) 预制板(M-250)	混凝土体积(米³) 填接缝(M-300)	安装重量(吨)
中部块件(0.99米)	1	ℛ12	254	11	24.8	33.7	0.38	0.01	0.95
	2	Φ8	254	4	4.0				
	3	Φ6	178	11	4.9				
	4	Φ6	83	3					
边部块件(0.99米)	1	ℛ12	254	11	24.8	38.0	0.60	0.01	1.48
	2	Φ8	254	6	6.0				
	3	Φ6	159	11	7.2				
	4	Φ6	72	3					
	5	Φ6	118	11					
边部块件(0.74米)	1	ℛ12	254	9	20.3	32.8	0.50	0.01	1.24
	2	Φ8	254	6	6.0				
	3	Φ6	134	11	6.5				
	4	Φ6	47	3					
	5	Φ6	118	11					

附注 1. 本图尺寸除钢筋直径以毫米计外，其余均以厘米为单位。

2. 锚栓孔如遇板内主筋，可将主筋平弯绕孔通过。

3. 块件吊装位置应安置在距两端40厘米处，采用钢绳绑捆（注意预制时安排穿绳）等办法起吊，不准利用锚栓孔吊装。

4. N4号钢筋为固定架立钢筋之顶撑。

5. 行车道块件预制时不宜大于图注宽度。

装配式钢筋混凝土板式桥涵上部构造 跨径：2.5米	汽车-20级挂车-100 桥面与路基同宽
16锰钢筋矩形板行车道块件	图号 7

纵断面

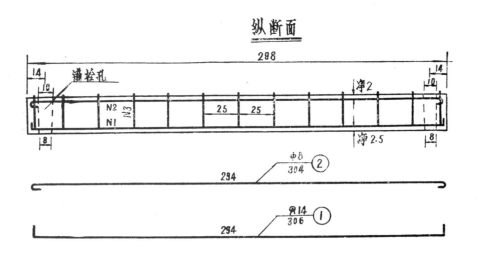

一块行车道块件材料总表

块件名称	钢筋编号	钢筋直径(毫米)	每根长度(厘米)	数量(根)	共重(公斤)	总重(公斤)	混凝土体积(米³)		安装重量(吨)
							预制板(M-250)	填接缝(M-300)	
中部块件(0.99米)	1	ℛ14	306	9	33.3	43.9	0.52	0.02	1.29
	2	Φ8	304	4	4.8				
	3	Φ6	182	13	5.8				
	4	Φ6	83	3					
边部块件(0.99米)	1	ℛ14	306	9	33.3	49.2	0.77	0.01	1.94
	2	Φ8	304	6	7.2				
	3	Φ6	163	13	8.7				
	4	Φ6	73	3					
	5	Φ6	120	13					
边部块件(0.74米)	1	ℛ14	306	7	25.9	40.9	0.65	0.01	1.63
	2	Φ8	304	6	7.2				
	3	Φ6	138	13	7.8				
	4	Φ6	47	3					
	5	Φ6	120	13					

附注 1. 本图尺寸除钢筋直径以毫米计外，其余均以厘米为单位。

2. 锚栓孔如遇板内主筋，可将主筋平弯绕孔通过。

3. 块件吊装位置应安置在距两端40厘米处，采用钢绳绑捆（注意预制时安排穿绳）等办法起吊，不准利用锚栓孔吊装。

4. N4号钢筋为固定架立钢筋之顶撑。

5. 行车道块件预制时不宜大于图注宽度。

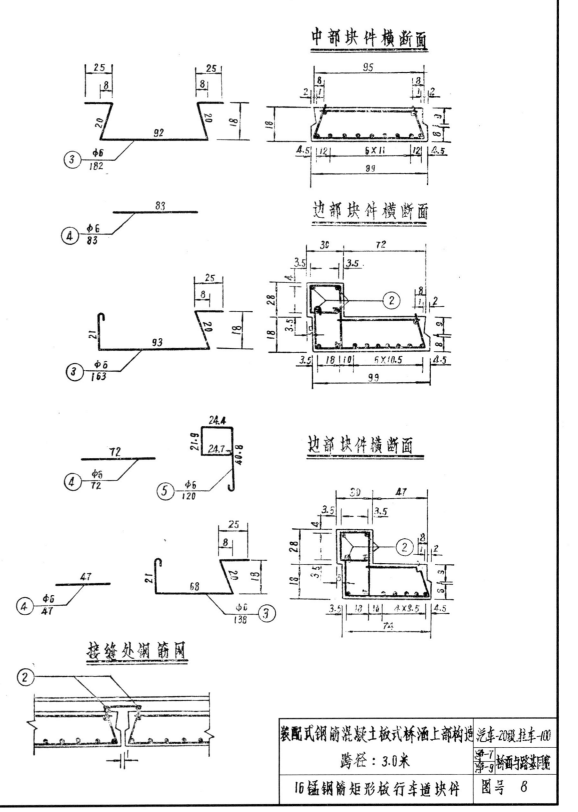

接缝处钢筋网

装配式钢筋混凝土板式桥涵上部构造	汽车-20级 挂车-100
跨径：3.0米	净-7 净-9 桥面与路基同宽
16锰钢筋矩形板行车道块件	图号 8

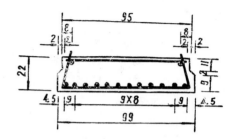

纵断面

中部块件横断面

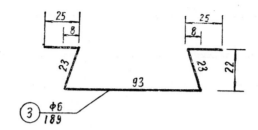

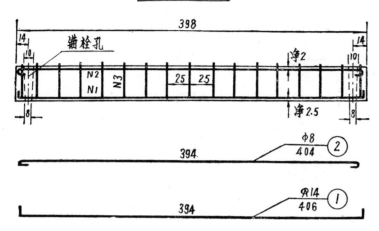

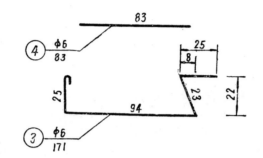

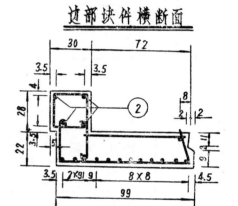

边部块件横断面

边部块件横断面

一块行车道块件材料总表

块件名称	钢筋编号	钢筋直径(毫米)	每根长度(厘米)	数量(根)	共重(公斤)	总重(公斤)	混凝土体积(米³) 预制板 M-250	填接缝 M-300	安装重量(吨)
中部块件(0.99米)	1	R14	406	12	58.9	73.0	0.84	0.03	2.10
	2	Φ8	404	4	6.4				
	3	Φ6	189	17	7.7				
	4	Φ6	83	3					
边部块件(0.99米)	1	R14	406	12	58.9	80.1	1.19	0.02	2.98
	2	Φ8	404	6	9.6				
	3	Φ6	171	17	11.6				
	4	Φ6	72	3					
	5	Φ6	123	17					
边部块件(0.74米)	1	R14	406	9	44.1	64.2	0.97	0.02	2.43
	2	Φ8	404	6	9.6				
	3	Φ6	146	17	10.5				
	4	Φ6	47	3					
	5	Φ6	123	17					

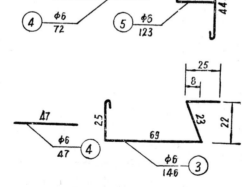

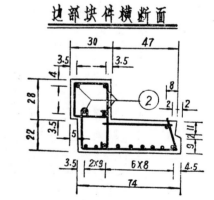

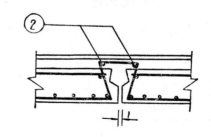

接缝处钢筋网

附注 1.本图尺寸除钢筋直径以毫米计外，其余均以厘米为单位。
2.锚栓孔如遇板内主筋，可将主筋平弯绕孔通过。
3.块件吊装位置应安置在距两端40厘米处，采用钢绳绑捆（注意预制时安排穿绳）等办法起吊，不准利用锚栓孔吊装。
4.N4号钢筋为固定架立钢筋之顶撑。
5.行车道块件预制时不宜大于图注宽度。

装配式钢筋混凝土板式桥涵上部构造 跨径：4.0米	汽车-20级 挂车-100	
	净-7 净-9	桥面与路基同宽
16锰钢筋矩形板行车道块件	图号	9

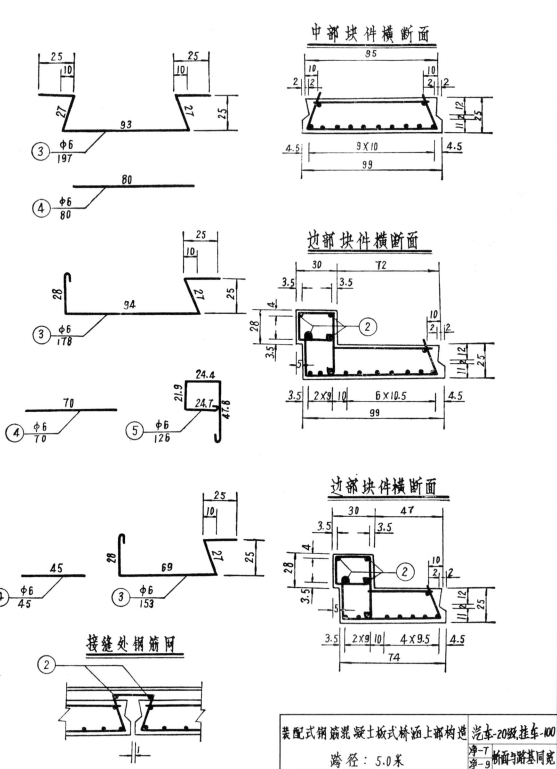

纵断面

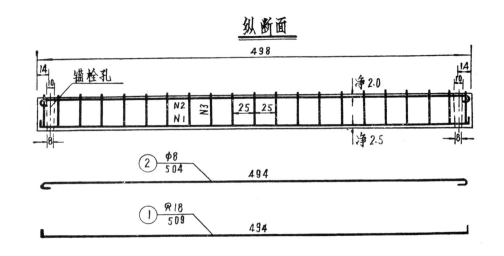

一块行车道块件材料总表

块件名称	钢筋编号	钢筋直径（毫米）	每根长度（厘米）	数量（根）	共重（公斤）	总重（公斤）	混凝土体积（米³）预制板（M-250）	混凝土体积（米³）填接缝（M-300）	安装重量（吨）
中部块件（0.99米）	1	R18	509	10	101.7	119.6	1.19	0.05	2.98
	2	Φ8	504	4	8.0				
	3	Φ6	197	21	9.9				
	4	Φ6	80	4					
边部块件（0.99米）	1	R18	509	10	101.7	128.4	1.63	0.03	4.08
	2	Φ8	504	6	11.9				
	3	Φ6	178	21	14.8				
	4	Φ6	70	4					
	5	Φ6	126	21					
边部块件（0.74米）	1	R18	509	8	81.4	106.7	1.52	0.03	3.30
	2	Φ8	504	6	11.9				
	3	Φ6	153	21	13.4				
	4	Φ6	45	4					
	5	Φ6	126	21					

接缝处钢筋网

附注

1. 本图尺寸除钢筋直径以毫米计外，其余均以厘米为单位。
2. 锚栓孔如遇板内主筋，可将主筋平弯绕孔通过。
3. 块件吊装位置应安置在距两端50厘米处，采用钢绳绑捆（注意预制时安排穿绳）等办法起吊，不准利用锚栓孔吊装。
4. N4号钢筋为固定架立钢筋之顶撑。
5. 行车道块件预制时不宜大于图注宽度。

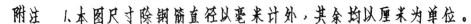

装配式钢筋混凝土板式桥涵上部构造	汽车-20级，挂车-100	
跨径：5.0米	净-7 净-9	桥面与路基同宽
16锰钢筋矩形板行车道块件	图号	10

纵断面

中部块件横断面

边部块件横断面

边部块件横断面

一块行车道块件材料总表

块件名称	钢筋编号	钢筋直径(毫米)	每根长度(厘米)	数量(根)	共重(公斤)	总重(公斤)	混凝土体积(米³) 预制板(M-250)	混凝土体积(米³) 填接缝(M-300)	安装重量(吨)
中部块件(0.99米)	1	Ⓡ18	609	12	145.0	167.6	1.60	0.06	4.01
	2	Φ8	604	4	9.6				
	3	Φ6	203	25	12.0				
	4	Φ6	80	4					
边部块件(0.99米)	1	Ⓡ18	609	12	146.0	178.4	2.13	0.03	5.33
	2	Φ8	604	6	14.4				
	3	Φ6	184	25	18.0				
	4	Φ6	70	4					
	5	Φ6	129	25					
边部块件(0.74米)	1	Ⓡ18	609	9	109.5	140.3	1.71	0.03	4.29
	2	Φ8	604	6	14.4				
	3	Φ6	159	25	16.4				
	4	Φ6	45	4					
	5	Φ6	129	25					

接缝处钢筋网

附注 1、本图尺寸除钢筋直径以毫米计外，其余均以厘米为单位。
2、锚栓孔如遇板内主筋，可将主筋平弯绕孔通过。
3、块件吊装位置应安置在距两端50厘米处,采用钢绳绑捆(注意预制时安排穿绳)等办法起吊，不准利用锚栓孔吊装。
4、N4号钢筋为固定架立钢筋之顶撑。
5、行车道块件预制时不宜大于图注宽度。

装配式钢筋混凝土板式桥涵上部构造 跨径:6.0米	汽车-20级,挂车-100	净-7 净-9 桥面与路基同宽
16锰钢筋矩形板行车道块件	图号	11

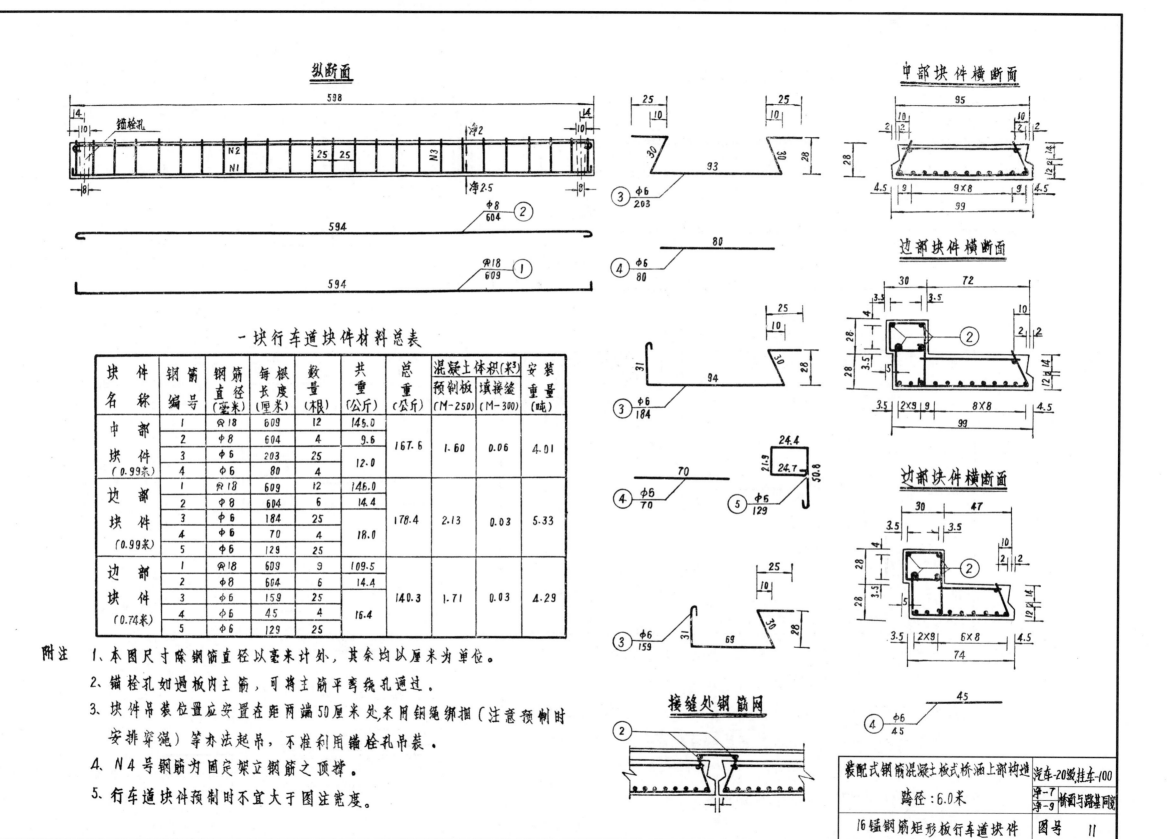

纵断面

中部块件横断面

边部块件横断面

边部块件横断面

一块行车道块件材料总表

块件名称	钢筋编号	钢筋直径(毫米)	每根长度(厘米)	数量(根)	共重(公斤)	总重(公斤)	混凝土体积(米³) 预制板(M-250)	混凝土体积(米³) 填接缝(M-300)	安装重量(吨)
中部块件(0.99米)	1	Φ20	811	12	240.0	269.8	2.75	0.11	6.88
	2	Φ8	804	4	12.7				
	3	Φ6	219	33	17.1				
	4	Φ6	80	6					
边部块件(0.99米)	1	Φ20	811	12	240.0	284.7	3.47	0.06	8.67
	2	Φ8	804	6	19.1				
	3	Φ6	200	33	25.6				
	4	Φ6	70	6					
	5	Φ6	137	33					
边部块件(0.74米)	1	Φ20	811	9	180.0	222.6	2.75	0.06	6.88
	2	Φ8	804	6	19.1				
	3	Φ6	175	33	23.5				
	4	Φ6	45	6					
	5	Φ6	137	33					

附注 1、本图尺寸除钢筋直径以毫米计外，其余均以厘米为单位。

2、锚栓孔如遇板内主筋，可将主筋平弯绕孔通过。

3、块件吊装位置应安置在距两端50厘米处采用钢绳绑捆（注意预制时安排穿绳）等办法起吊，不准利用锚栓孔吊装。

4、N4号钢筋为固定架立钢筋之顶撑。

5、行车道块件预制时不宜大于图注宽度。

接缝处钢筋网

装配式钢筋混凝土板式桥涵上部构造 跨径：8.0米	汽车-20级、挂车-100 净-7 净-9 桥面与路基同宽
16锰钢筋矩形板行车道块件	图号 12

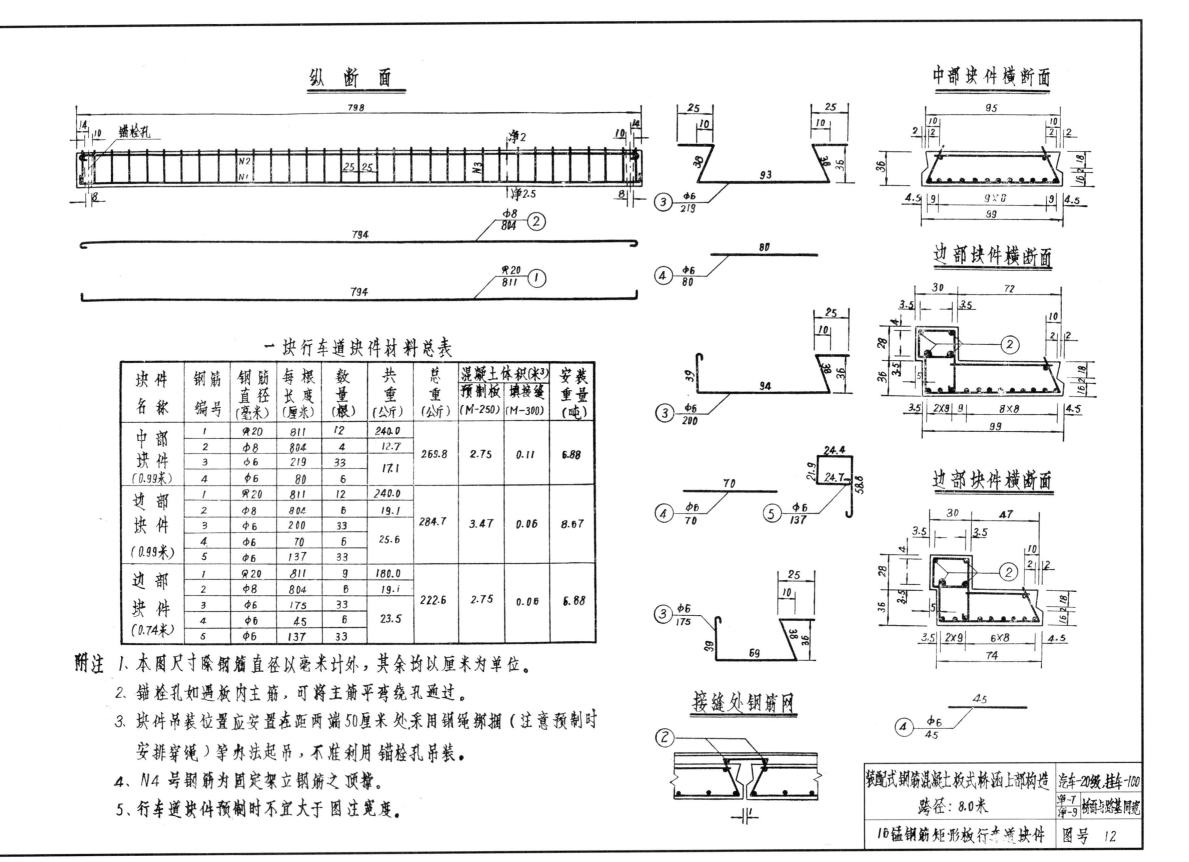

纵断面

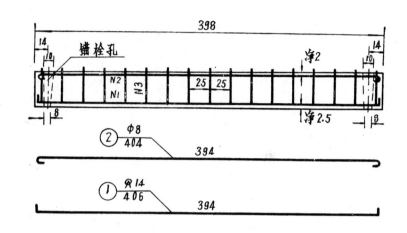

边部块件横断面

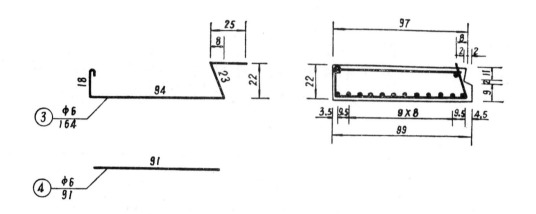

一块人行道下行车道边部块件材料总表

主筋钢号	钢筋编号	钢筋直径(毫米)	每根长度(厘米)	数量(根)	共重(公斤)	总重(公斤)	混凝土体积(米³) 预制板(M-250)	混凝土体积(米³) 填接缝(M-300)	安装重量(吨)
16锰钢	1	ℛ14	406	12	58.9	70.5	0.85	0.02	2.13
	2	φ8	404	3	4.8				
	3	φ6	164	17	6.8				
	4	φ6	91	3					

人行道下接缝处钢筋网

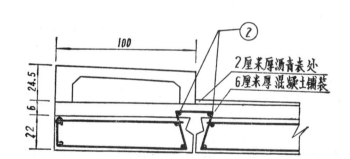

附注. 1. 本图尺寸除钢筋直径以毫米计外，其余均以厘米为单位。

2. 锚栓孔如遇板内主筋，可将主筋平弯绕孔通过。

3. 块件吊装位置应安置在距两端40厘米处，采用钢绳绑捆(注意预制时安排穿绳)等办法起吊，不准利用锚栓孔吊装。

4. N4号钢筋为固定架立钢筋之顶撑。

5. 行车道块件预制时不宜大于图注宽度。

6. 本构件是配净—7+2×0.75米人行道及净—9+2×1.0米人行道之行车道边部块件。

装配式钢筋混凝土板式桥涵上部构造	汽车-20级,挂车-100
跨径:4.0米	净-7,净-9
配人行道的行车道边部块件	图号 13

纵断面

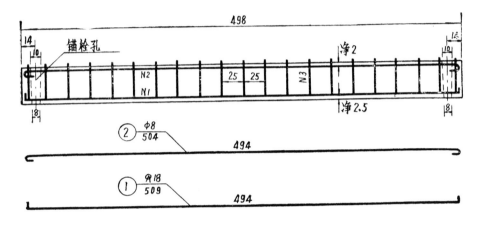

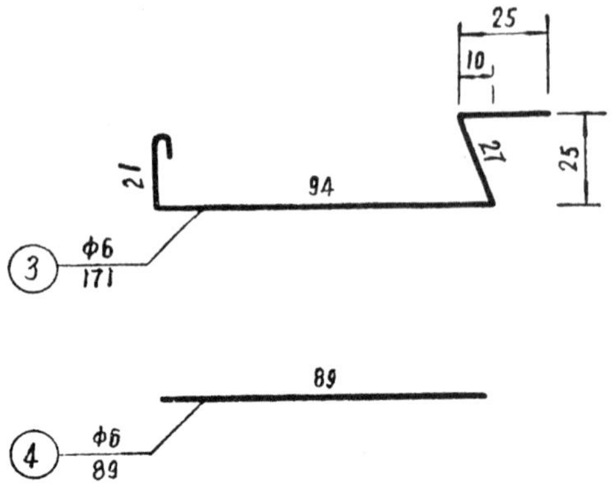

边部块件横断面

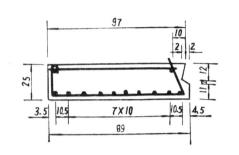

人行道下接缝处钢筋网

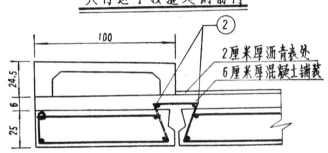

一块人行道下 行车道边部块件材料总表

主筋钢号	钢筋编号	钢筋直径(毫米)	每根长度(厘米)	数量(根)	共重(公斤)	总重(公斤)	混凝土体积(米³)		安装重量(吨)
							预制块(M-250)	填接缝(M-300)	
16锰钢	1	⏀18	509	10	101.7	116.5	1.21	0.03	3.03
	2	φ8	504	3	6.0				
	3	φ6	171	21					
	4	φ6	89	4	8.8				

附注 1. 本图尺寸除钢筋直径以毫米计外，其余均以厘米为单位。
2. 锚栓孔如遇板内主筋，可将主筋平弯绕孔通过。
3. 块件吊装位置应安置在距两端50厘米处，采用钢绳绑捆（注意预制时安排穿绳）等办法起吊，不准利用锚栓孔吊装。
4. N4号钢筋为固定架立钢筋之顶撑。
5. 行车道块件预制时不宜大于图注宽度。
6. 本构件是配净-7+2×0.75米人行道及净-9+2×1.0米人行道之行车道边部块件。

装配式钢筋混凝土板式桥涵上部构造	汽车-20级挂车-100	
跨径:5.0米	净-7,净-9	
配人行道的行车道边部块件	图号 14	

纵断面

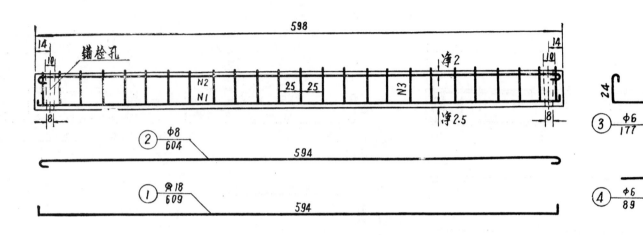

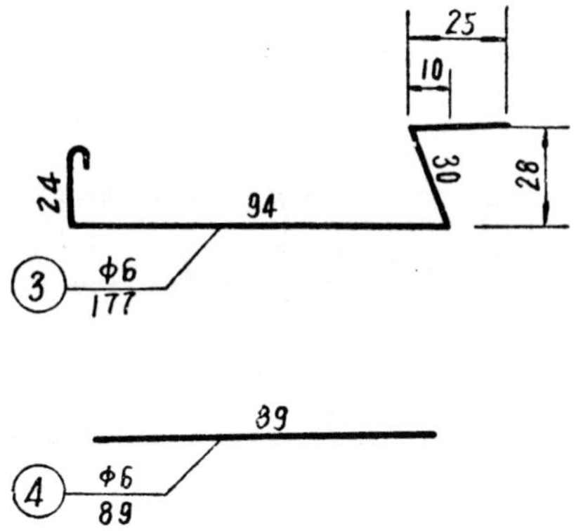

边部块件横断面

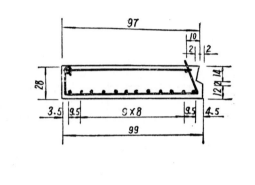

人行道下接缝处钢筋网

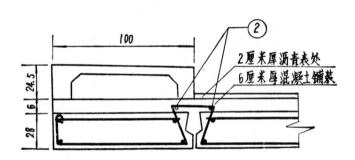

一块人行道下行车道边部块件材料总表

主筋钢号	钢筋编号	钢筋直径(毫米)	每根长度(厘米)	数量(根)	共重(公斤)	总重(公斤)	混凝土体积(米³) 预制板(M-250)	混凝土体积(米³) 填接缝(M-300)	安装重量(吨)
16锰钢	1	⌖18	609	12	146.0	163.8	1.63	0.03	4.08
	2	φ8	604	3	7.2				
	3	φ6	177	25	10.6				
	4	φ6	89	4					

附注
1. 本图尺寸除钢筋直径以毫米计外，其余均以厘米为单位。
2. 锚栓孔如遇板内主筋，可将主筋平弯绕孔通过。
3. 块件吊装位置应安置在距两端50厘米处，采用钢绳捆绑（注意预制时安排穿绳）等办法起吊，不准利用锚栓孔吊装。
4. N4号钢筋为固定架立钢筋之顶撑。
5. 行车道块件预制时不宜大于图注宽度。
6. 本构件是配净－7＋2×0.75米人行道及净－9＋2×1.0米人行道之行车道边部块件。

装配式钢筋混凝土板式桥涵上部构造	汽车-20级挂车-100
跨径：6.0米	净-7，净-9
配人行道的行车道边部块件	图号 15

纵断面

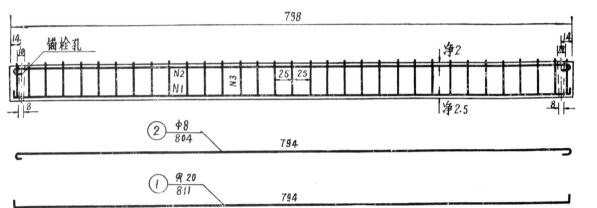

边部块件横断面

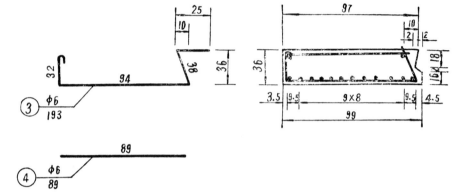

一块人行道下行车道边部块件材料总表

主筋钢号	钢筋编号	钢筋直径(毫米)	每根长度(厘米)	数量(根)	共重(公斤)	总重(公斤)	混凝土体积(米³)		安装重量(吨)
							预制板(M-250)	填接缝(M-300)	
16锰钢	1	Я20	811	12	240.0	264.8	2.80	0.06	7.00
	2	Φ8	804	3	9.5				
	3	Φ6	193	33	15.3				
	4	Φ6	89	6					

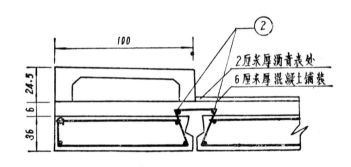

附注 1. 本图尺寸除钢筋直径以毫米计外，其余均以厘米为单位。

2. 锚栓孔如遇板内主筋，可将主筋平弯绕孔通过。

3. 块件吊装位置应安置在距两端50厘米处，采用钢绳绑捆（注意预制时安排穿绳）等办法起吊，不准利用锚栓孔吊装。

4. N4号钢筋为固定架立钢筋之顶撑。

5. 行车道块件预制时不宜大于图注宽度。

6. 本构件是配净−7+2×0.75米人行道及净−9+2×1.0米人行道之行车道边部块件。

人行道下接缝处钢筋网

装配式钢筋混凝土板式桥涵上部构造	汽车-20级.挂车-100
跨径：8.0米	净−7，净−9
配人行道的行车道边部块件	图号 16

安装位置示意

边块件甲	边块件乙
边块件乙	边块件甲

附注 1. 本图尺寸均以厘米为单位。

2. 人行道起吊根据所采用的吊具（或卡具）在块件两端重心线上酌留孔，或在块件两侧酌挖洞，运输或堆放的支承点均应放在两端横梁上。

3. 在预制人行道边块件甲、乙时，必须将其中半数按图反对称制造，即块件断面尺寸及钢筋细部构造均相同，唯方向相反。

装配式钢筋混凝土板式桥涵上部构造	汽车-20级挂车-100
跨径:4.0米	净-7，净-9
人行道一般构造	图号 17

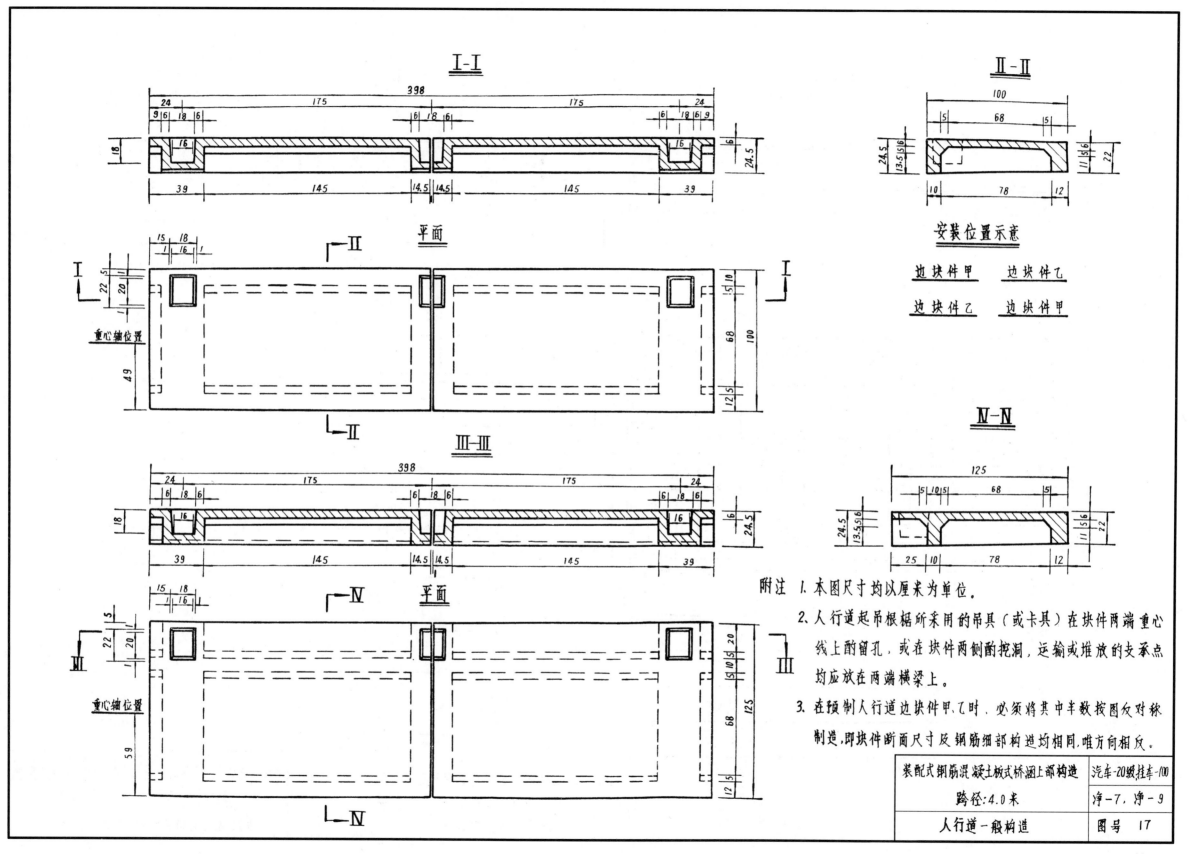

附注 1. 本图尺寸,除钢筋直径以毫米为单位外其余均以厘米计。

2. 0.75米人行道配净-7。

装配式钢筋混凝土板式桥涵上部构造 跨径:4.0米	汽车-20级,挂车-100
	净-7
0.75米人行道构造	图号 18

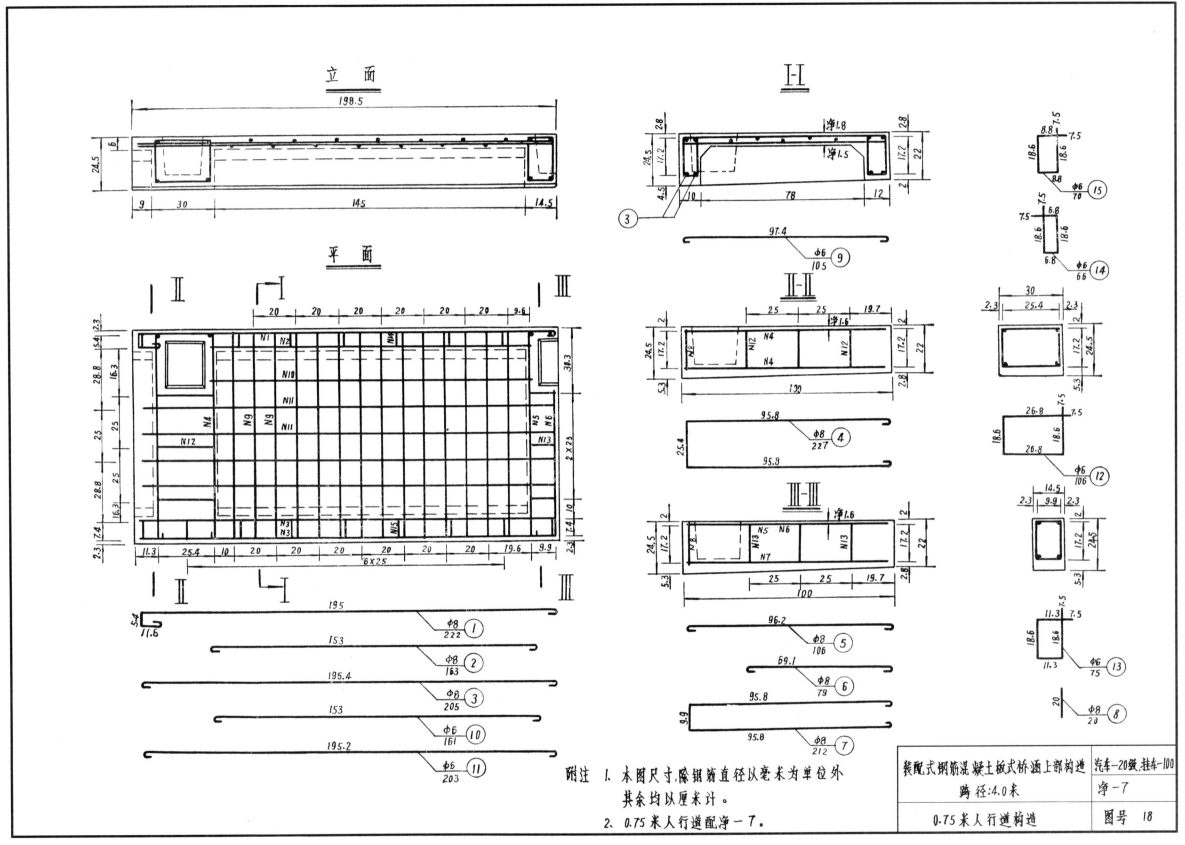

附注 1、本图尺寸除钢筋直径以毫米为单位外，其余均以厘米计。

2、1米人行道配净－9。

装配式钢筋混凝土板式桥涵上部构造	汽车－20级，挂车－100
跨径：4.0米	净－9
1.00米人行道构造	图号 19

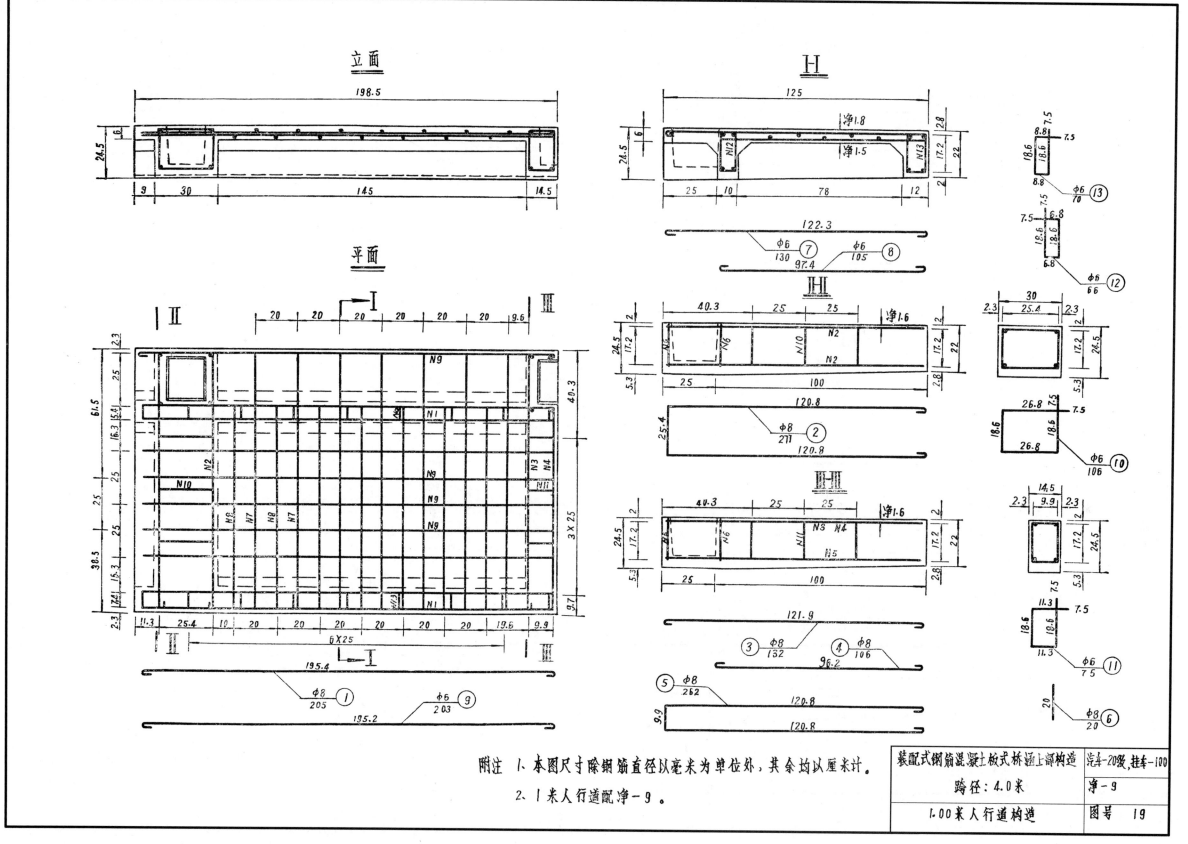

Ⅰ-Ⅰ

平面

Ⅱ-Ⅱ

安装位置示意

边块件甲	边块件乙
边块件乙	边块件甲

Ⅲ-Ⅲ

Ⅳ-Ⅳ

平面

附注 1.本图尺寸均以厘米为单位。
2.人行道起吊根据所采用的吊具(或卡具)在块件两端重心线上的留孔，或在块件两侧的挖洞。运输或堆放的支承点均应放在两端横梁上。
3.在预制人行道边块件甲、乙时，必须将其中半数按图反对称制造，即断面尺寸及钢筋细部构造均相同，唯方向相反。

装配式钢筋混凝土板式桥涵上部构造 跨径：5.0米	汽车-20级挂车-100 净-7，净-9
人行道一般构造	图号 20

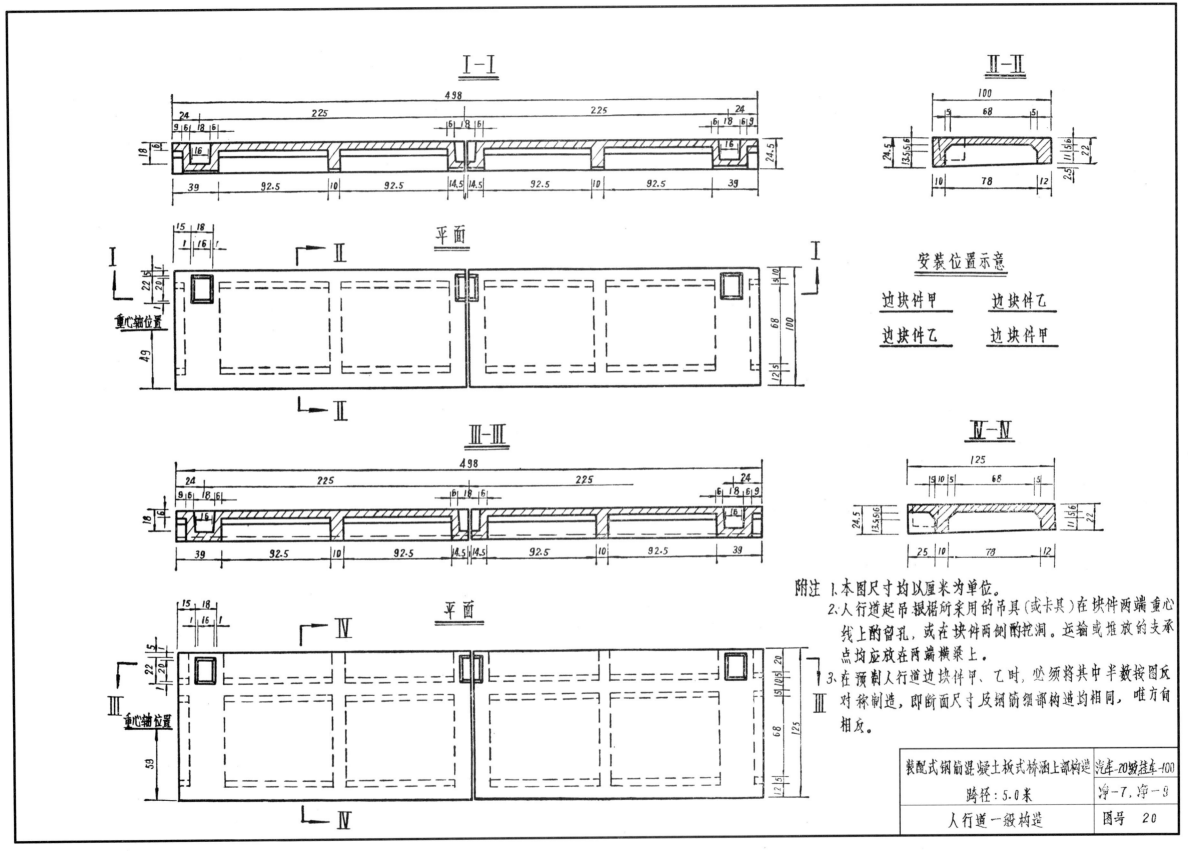

附注 1、本图尺寸除钢筋直径以毫米为单位外，其余均以厘米计。

2、0.75米人行道配净－7。

装配式钢筋混凝土板式桥涵上部构造	汽车-20级挂车-100
跨径：5.0米	净－7
0.75米人行道构造	图号 21

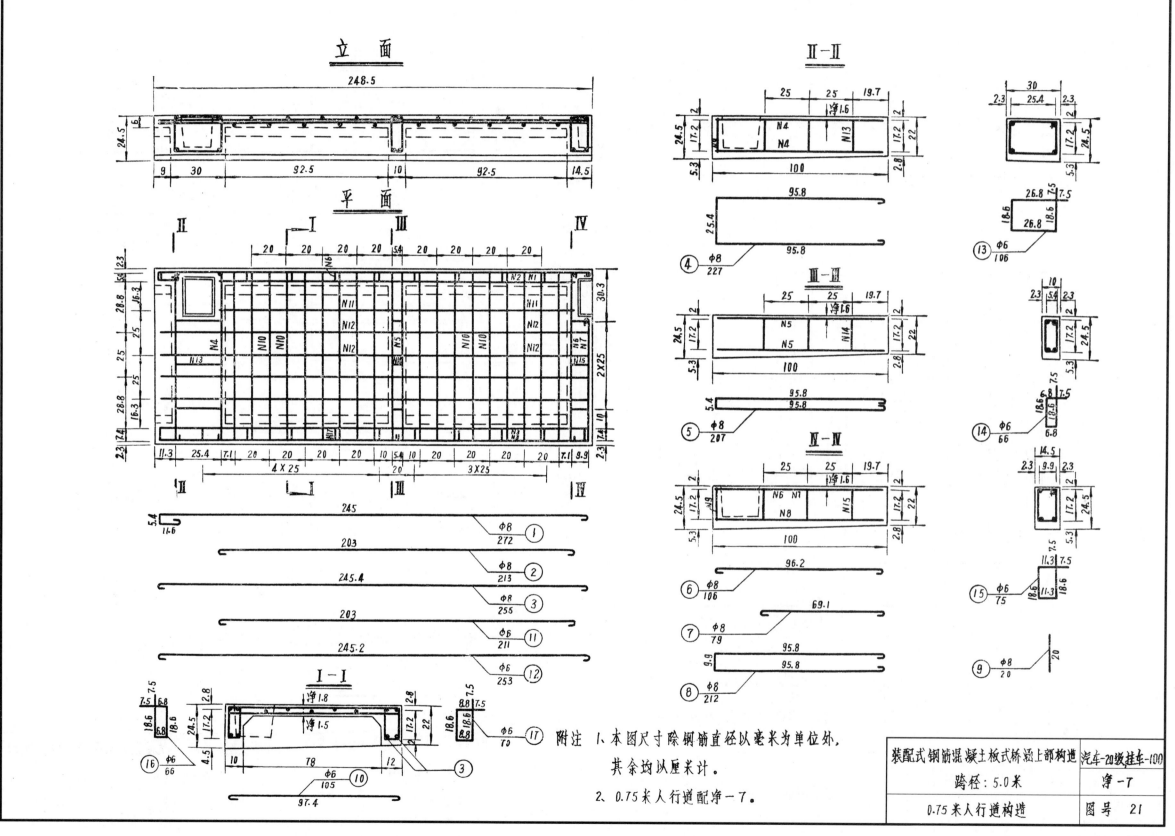

附注 1. 本图尺寸除钢筋直径以毫米为单位外，其余均以厘米计。

2. 1米人行道配净－9。

装配式钢筋混凝土板式桥涵上部构造	汽车-20级，挂车-100
跨径：5.0米	净－9
1.00米人行道构造	图号 22

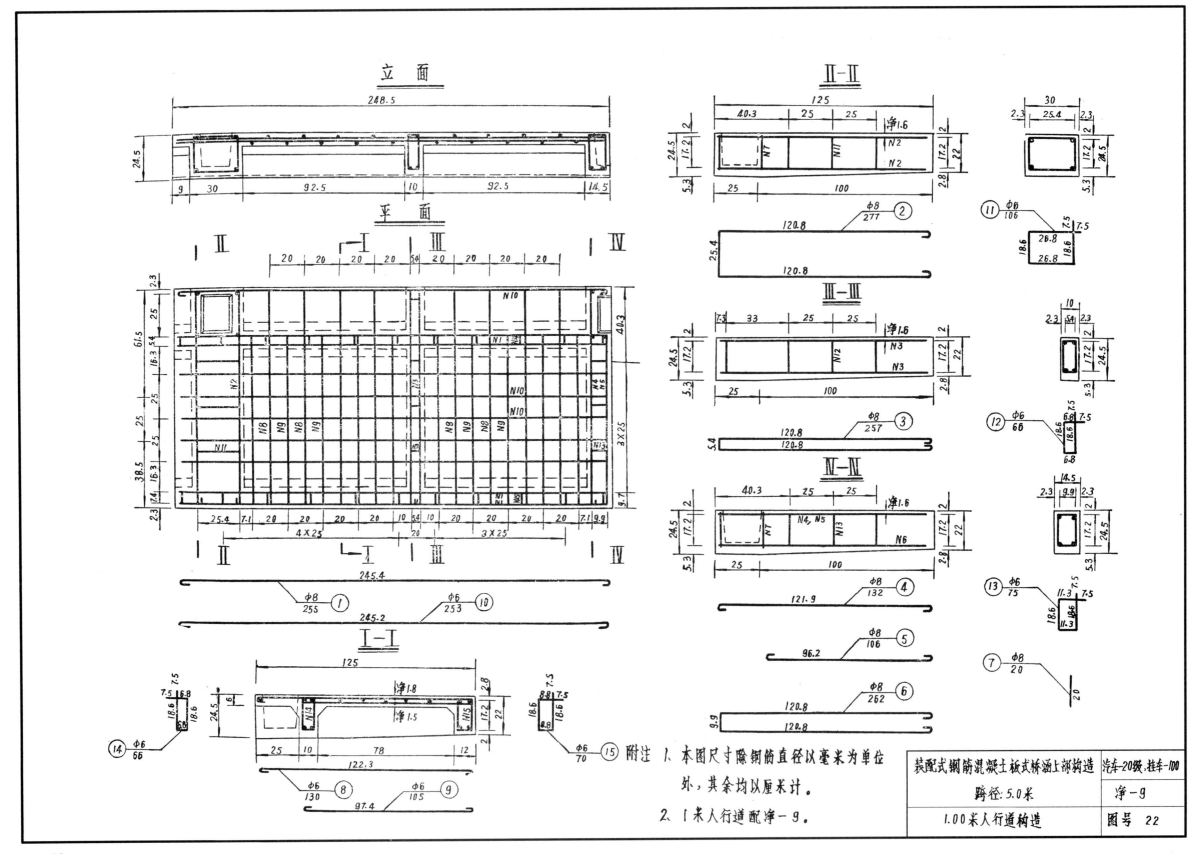

0.75米一块人行道块件材料总表

跨径(米)	块件名称	钢筋编号	钢筋直径(毫米)	每根长度(厘米)	数量(根)	共重(公斤)	总重(公斤)	混凝土体积(米³) M-200	安装重量(吨)
4.00	边部块件	1	φ8	222	1	10.1	19.2	0.25	0.63
		2	φ8	163	1				
		3	φ8	205	6				
		4	φ8	227	2				
		5	φ8	106	1				
		6	φ8	79	1				
		7	φ8	212	1				
		8	φ8	20	4				
		9	φ6	105	14	9.1			
		10	φ6	161	1				
		11	φ6	203	4				
		12	φ6	106	3				
		13	φ6	75	3				
		14	φ6	66	7				
		15	φ6	70	9				
5.00	边部块件	1	φ8	272	1	13.3	24.9	0.31	0.78
		2	φ8	213	1				
		3	φ8	255	6				
		4	φ8	227	2				
		5	φ8	207	2				
		6	φ8	106	1				
		7	φ8	79	1				
		8	φ8	212	1				
		9	φ8	20	4				
		10	φ6	105	18	11.6			
		11	φ6	211	1				
		12	φ6	253	4				
		13	φ6	106	3				
		14	φ6	66	3				
		15	φ6	75	3				
		16	φ6	66	9				
		17	φ6	70	11				

1.00米一块人行道块件材料总表

跨径(米)	块件名称	钢筋编号	钢筋直径(毫米)	每根长度(厘米)	数量(根)	共重(公斤)	总重(公斤)	混凝土体积(米³) M-200	安装重量(吨)
4.00	边部块件	1	φ8	205	8	11.3	21.6	0.30	0.75
		2	φ8	277	2				
		3	φ8	132	1				
		4	φ8	106	1				
		5	φ8	262	1				
		6	φ8	20	8				
		7	φ6	130	7	10.3			
		8	φ6	105	7				
		9	φ6	203	6				
		10	φ6	106	3				
		11	φ6	75	3				
		12	φ6	66	9				
		13	φ6	70	9				
5.00	边部块件	1	φ8	255	8	14.9	28.0	0.38	0.95
		2	φ8	277	2				
		3	φ8	257	2				
		4	φ8	132	1				
		5	φ8	106	1				
		6	φ8	262	1				
		7	φ8	20	8				
		8	φ6	130	8	13.1			
		9	φ6	105	10				
		10	φ6	253	6				
		11	φ6	106	3				
		12	φ6	66	4				
		13	φ6	75	3				
		14	φ6	66	11				
		15	φ6	70	11				

0.75/1.00米人行道一孔块数

边块件甲	边块件乙
2	2

装配式钢筋混凝土板式桥涵上部构造	汽车-20级,挂车-100
跨径:4.0米;5.0米	净-7,净-9
0.75/1.00米人行道材料表	图号 23

安装位置示意

边块件甲	中块件	边块件乙
边块件乙	中块件	边块件甲

附注 1、本图尺寸均以厘米为单位。

2、人行道起吊根据所采用的吊具（或卡具）在块件两端重心线上酌留孔，或在块件两侧酌挖洞。运输或堆放的支承点均应放在两端横梁上。

3、在预制人行道边块件甲、乙时必须将其中半数按图反对称制造，即断面尺寸及钢筋细部构造均相同，唯方向相反。

装配式钢筋混凝土板式桥涵上部构造	汽车-20级，挂车-100
跨径：6.0米	净-7，净-9
人行道一般构造	图号 24

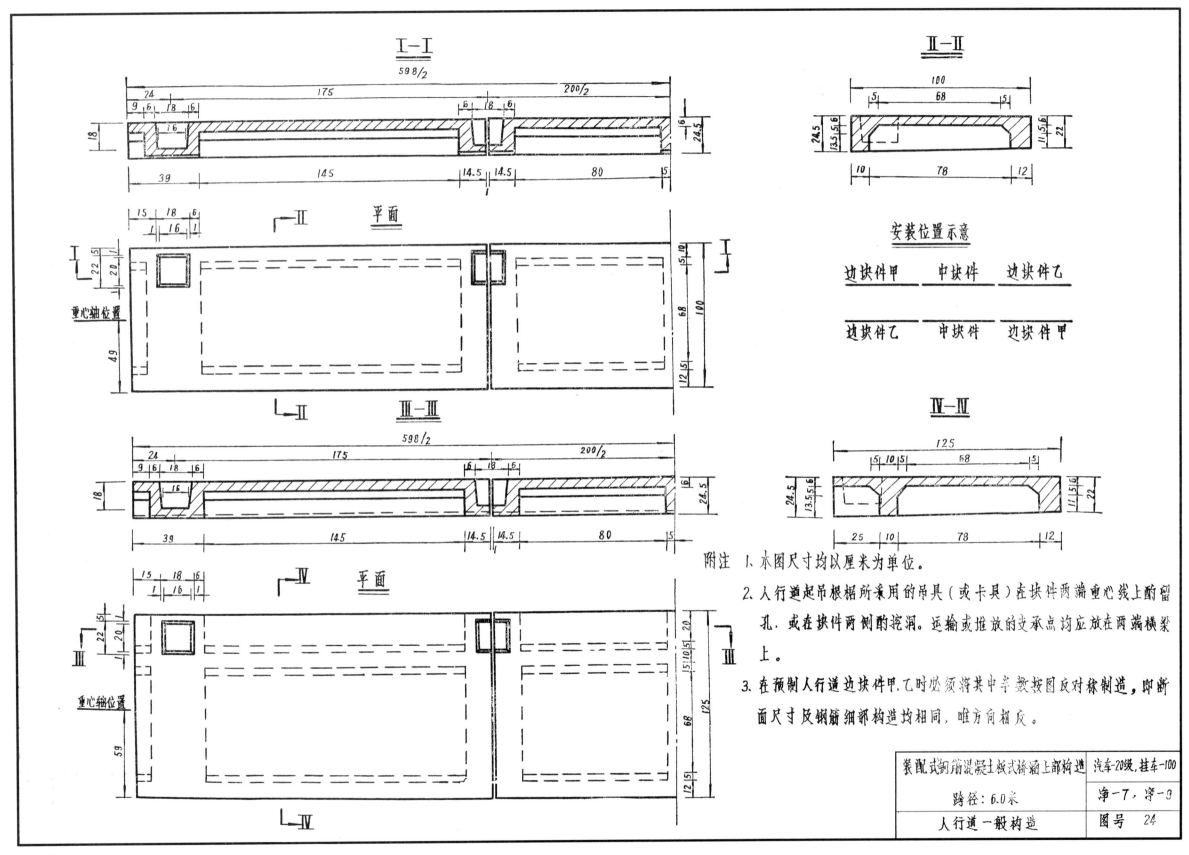

附注 1. 本图尺寸除钢筋直径以毫米为单位外其余均以厘米计。

2. 0.75米人行道配净—7。

装配式钢筋混凝土板式桥涵上部构造	汽车—20级，挂车—100
跨径：6.0米	净—7
0.75米人行道构造	图号 25

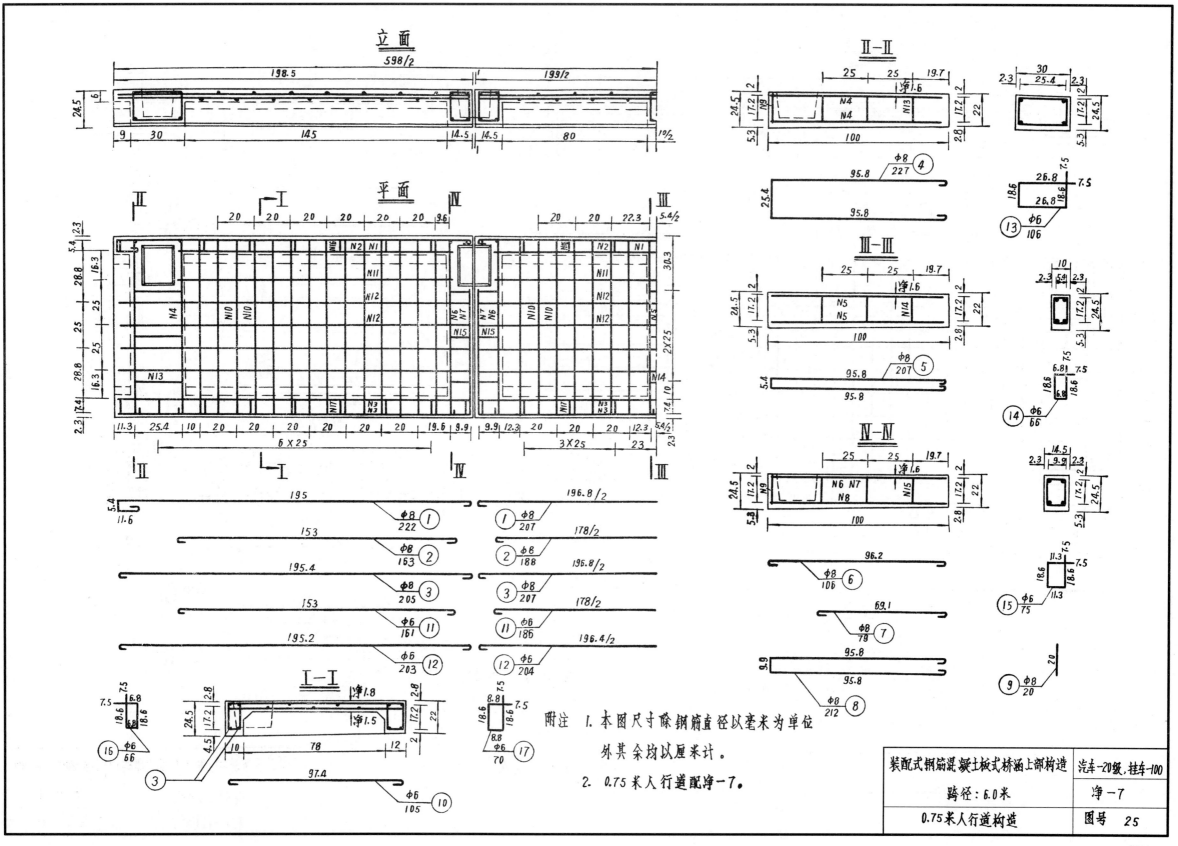

附注 1. 本图尺寸除钢筋直径以毫米为单位外，其余均以厘米计。

2. 1 米人行道配净-9。

装配式钢筋混凝土板式桥涵上部构造	汽车-20级 挂车-100
跨径：6.0米	净-9
1.00米人行道构造	图号 26

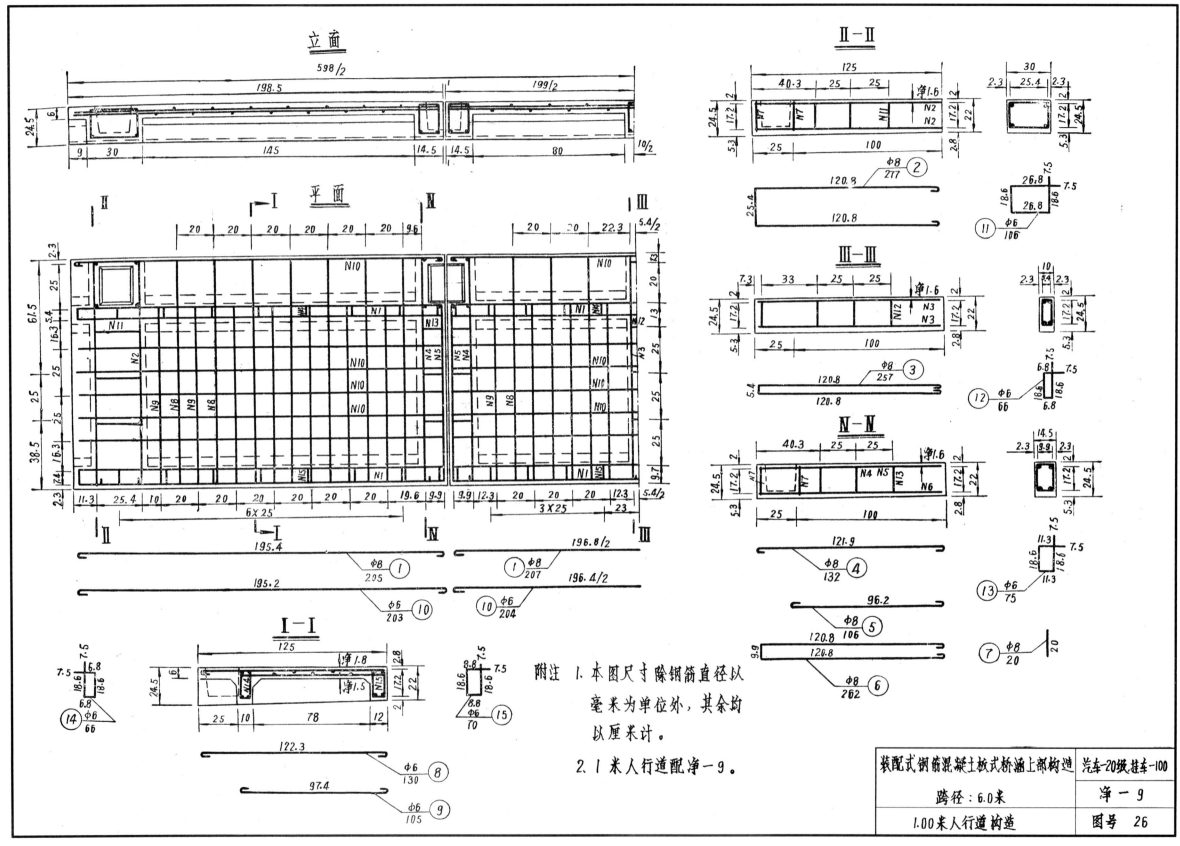

0.75米一块人行道块件材料总表

块件名称	钢筋编号	钢筋直径(毫米)	每根长度(厘米)	数量(根)	共重(公斤)	总重(公斤)	混凝土体积(米³) M-200	安装重量(吨)
边部块件	1	φ8	222	1	10.1	19.2	0.25	0.63
	2	φ8	163	1				
	3	φ8	205	6				
	4	φ8	227	2				
	6	φ8	106	1				
	7	φ8	79	1				
	8	φ8	212	1				
	9	φ8	20	4				
	10	φ6	105	14	9.1			
	11	φ6	161	1				
	12	φ6	203	4				
	13	φ6	106	3				
	15	φ6	75	3				
	16	φ6	66	7				
	17	φ6	70	9				
中部块件	1	φ8	207	1	11.6	21.0	0.24	0.60
	2	φ8	188	1				
	3	φ8	207	6				
	5	φ8	207	2				
	6	φ8	106	2				
	7	φ8	79	2				
	8	φ8	212	2				
	9	φ8	20	4				
	10	φ6	105	14	9.4			
	11	φ6	186	1				
	12	φ5	204	4				
	14	φ6	66	3				
	15	φ6	75	6				
	16	φ6	66	7				
	17	φ6	70	9				

1.00米一块人行道块件材料总表

块件名称	钢筋编号	钢筋直径(毫米)	每根长度(厘米)	数量(根)	共重(公斤)	总重(公斤)	混凝土体积(米³) M-200	安装重量(吨)
边部块件	1	φ8	205	8	11.3	21.6	0.30	0.75
	2	φ8	277	2				
	4	φ8	132	1				
	5	φ8	106	1				
	6	φ8	262	1				
	7	φ8	20	8				
	8	φ6	130	7	10.3			
	9	φ6	105	7				
	10	φ6	203	6				
	11	φ6	106	3				
	13	φ6	75	3				
	14	φ6	66	9				
	15	φ6	70	9				
中部块件	1	φ8	207	8	13.2	24.4	0.29	0.73
	3	φ8	257	2				
	4	φ8	132	2				
	5	φ8	106	2				
	6	φ8	262	2				
	7	φ8	20	8				
	8	φ6	130	6	11.2			
	9	φ6	105	8				
	10	φ6	204	6				
	12	φ6	66	4				
	13	φ6	75	6				
	14	φ6	66	11				
	15	φ6	70	11				

0.75/1.00 米人行道一孔块数

边块件甲	边块件乙	中块件
2	2	2

装配式钢筋混凝土板式桥涵上部构造	汽车-20级，挂车-100
跨径：6.0米	净-7，净-9
0.75/1.00 米人行道材料表	图号 27

附注 1. 本图尺寸均以厘米为单位。

2. 人行道起吊根据所采用的吊具(或卡具)在块件两端重心线上的留孔，或在块件两侧的挖洞。运输或堆放的支承点均应放在两端横梁上。

3. 在预制人行道边块件甲、乙时必须将其中半数按图反对称制造，即断面尺寸及钢筋细部构造均相同，唯方向相反。

装配式钢筋混凝土板式桥涵上部构造	汽车-20级，挂车-100
跨径：8.0米	净-7，净-9
人行道一般构造	图号 28

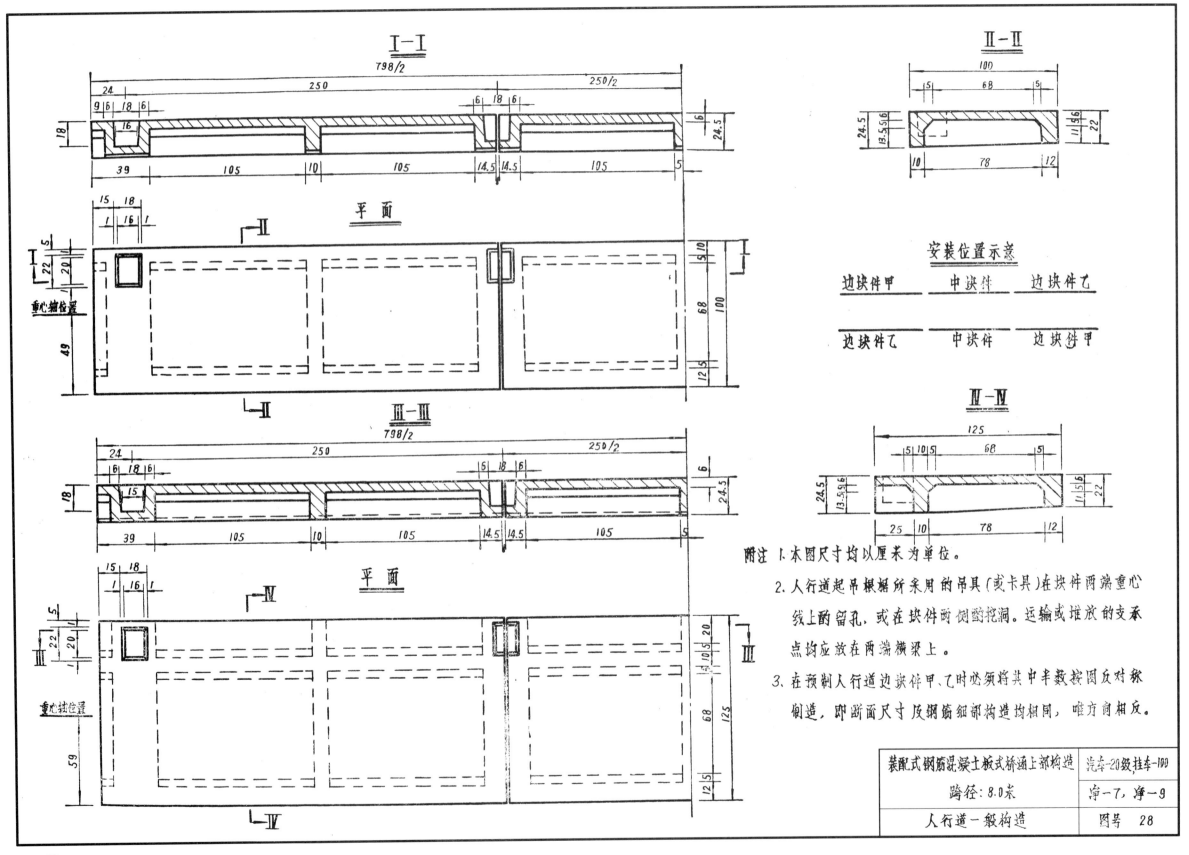

附注 1. 本图尺寸除钢筋直径以毫米为单位外，其余均以厘米计。

2. 0.75米人行道配净－7。

装配式钢筋混凝土板式桥涵上部构造	汽车－20级、挂车－100
跨径：8.0米	净－7
0.75米人行道构造	图号 29

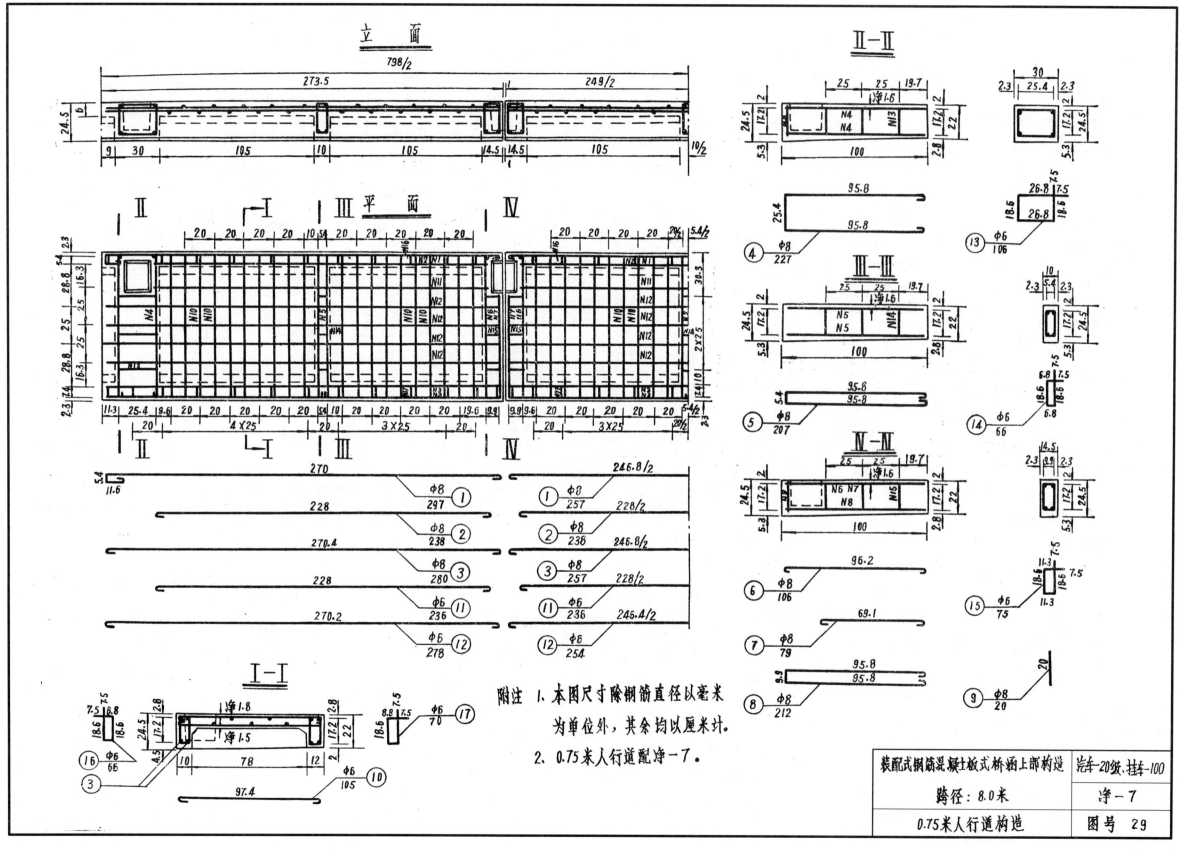

附注 1. 本图尺寸除钢筋直径以毫米为单位外其余均以厘米计。

2. 1米人行道配净—9。

装配式钢筋混凝土板式桥涵上部构造	汽车-20级、挂车-100
跨径：8.0米	净—9
1.00米人行道构造	图号 30

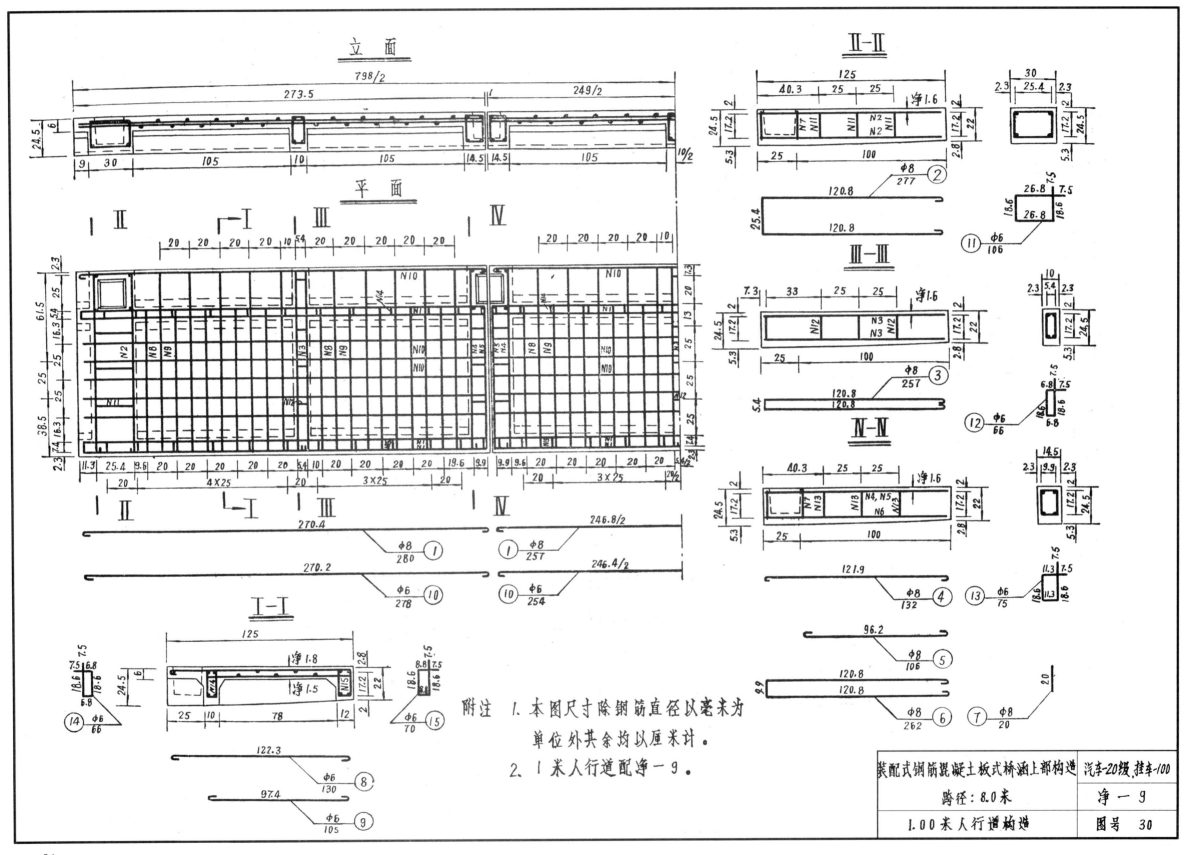

0.75米一块人行道块件材料总表

块件名称	钢筋编号	钢筋直径(毫米)	每根长度(厘米)	数量(根)	共重(公斤)	总重(公斤)	混凝土体积(米³)(M-200)	安装重量(吨)
边部块件	1	φ8	297	1	14.1	27.8	0.34	0.84
	2	φ8	238	1				
	3	φ8	280	6				
	4	φ8	227	2				
	5	φ8	207	2				
	6	φ8	106	1				
	7	φ8	79	1				
	8	φ8	212	1				
	9	φ8	20	4				
	10	φ6	105	20	12.9			
	11	φ6	236	1				
	12	φ6	278	4				
	13	φ6	106	3				
	14	φ6	66	3				
	15	φ6	75	3				
	16	φ6	66	11				
	17	φ6	70	13				
中部块件	1	φ8	257	1	13.1	25.3	0.30	0.74
	2	φ8	238	1				
	3	φ8	257	6				
	5	φ8	207	2				
	6	φ8	106	2				
	7	φ8	79	2				
	8	φ8	212	2				
	9	φ8	20	4				
	10	φ6	105	20	12.2			
	11	φ6	236	1				
	12	φ6	254	4				
	14	φ6	66	3				
	15	φ6	75	6				
	16	φ6	66	10				
	17	φ6	70	12				

1.00米一块人行道块件材料总表

块件名称	钢筋编号	钢筋直径(毫米)	每根长度(厘米)	数量(根)	共重(公斤)	总重(公斤)	混凝土体积(米³) M-200	安装重量(吨)
边部块件	1	φ8	280	8	15.7	30.3	0.41	1.03
	2	φ8	277	2				
	3	φ8	257	2				
	4	φ8	132	1				
	5	φ8	106	1				
	6	φ8	262	1				
	7	φ8	20	8				
	8	φ6	130	10	14.6			
	9	φ6	105	10				
	10	φ6	278	6				
	11	φ6	106	3				
	12	φ6	68	4				
	13	φ6	75	3				
	14	φ6	66	13				
	15	φ6	70	13				
中部块件	1	φ8	257	8	14.7	28.5	0.35	0.88
	3	φ8	257	2				
	4	φ8	132	2				
	5	φ8	106	2				
	6	φ8	262	2				
	7	φ8	20	8				
	8	φ6	130	10	13.8			
	9	φ6	105	10				
	10	φ6	254	6				
	12	φ6	66	4				
	13	φ6	75	6				
	14	φ6	66	12				
	15	φ6	70	12				

0.75 / 1.00 米人行道一孔块数

边块件甲	边块件乙	中块件
2	2	2

装配式钢筋混凝土板式桥涵上部构造 跨径：8.0米	汽车-20级,挂车100
	净-7,净-9
0.75 / 1.00 米人行道材料表	图号 31

附注 1.本图尺寸均以厘米为单位。

2.图中 h 为预制板厚。

装配式钢筋混凝土板式桥涵上部构造 跨径:3.0,4.0,5.0,6.0,8.0米	汽车-20级,挂车-100 净-7 净-9 桥面与路基同宽
低栏杆一般构造	图号 32

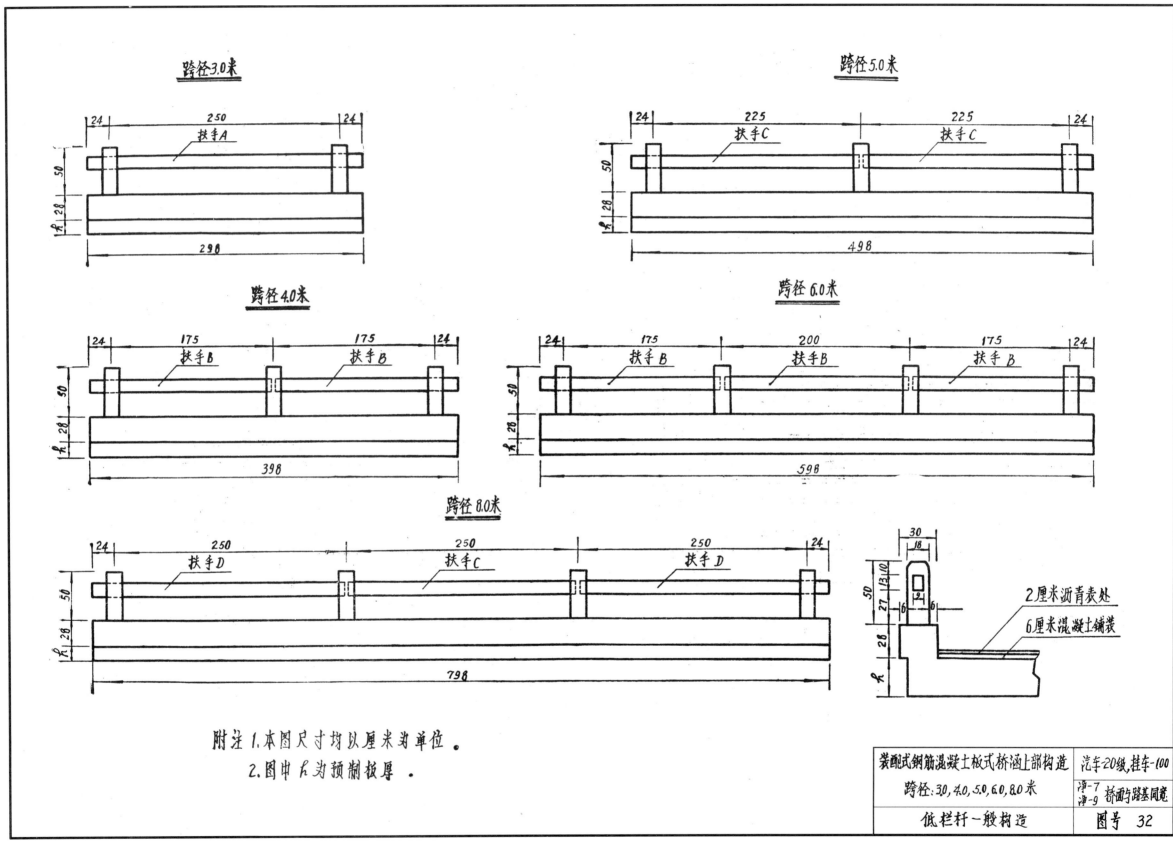

一根栏杆柱、扶手材料总表

构件名称	钢筋编号	钢筋直径(毫米)	每根长度(厘米)	数量(根)	共重(公斤)	总重(公斤)	混凝土体积(米) M-200	安装重量(吨)
栏杆柱	1	φ10	157	2	1.9	2.5	0.014	0.035
	2	φ6	65	3	0.6			
	3	φ6	54	1				
扶手A	4	φ8	294	4	4.6	6.1	0.028	0.070
	5	φ6	45	15	1.5			
扶手B	6	φ8	194	4	3.1	4.1	0.019	0.048
	7	φ6	45	10	1.0			
扶手C	8	φ8	244	4	3.9	5.2	0.023	0.058
	9	φ6	45	13	1.3			
扶手D	10	φ8	269	4	4.3	5.7	0.026	0.065
	11	φ6	45	14	1.4			

一孔上部构造低栏杆柱扶手数量表

跨径(米)	栏杆柱(个)	扶手A(个)	扶手B(个)	扶手C(个)	扶手D(个)
3	4	2			
4	6		4		
5	6			4	
6	8		6		
8	8			2	4

附注

1. 本图尺寸除钢筋直径以毫米为单位外，其余均以厘米计。
2. 本图断面Ⅱ-Ⅱ为跨径8.0米的栏杆、扶手形式，其余扶手编号见"低栏杆一般构造图"。

装配式钢筋混凝土板式桥涵上部构造 跨径：3.0, 4.0, 5.0, 6.0, 8.0米	汽车-20级，挂车-100 净-7 净-9 桥面与路基同宽
低栏杆扶手构造	图号 33

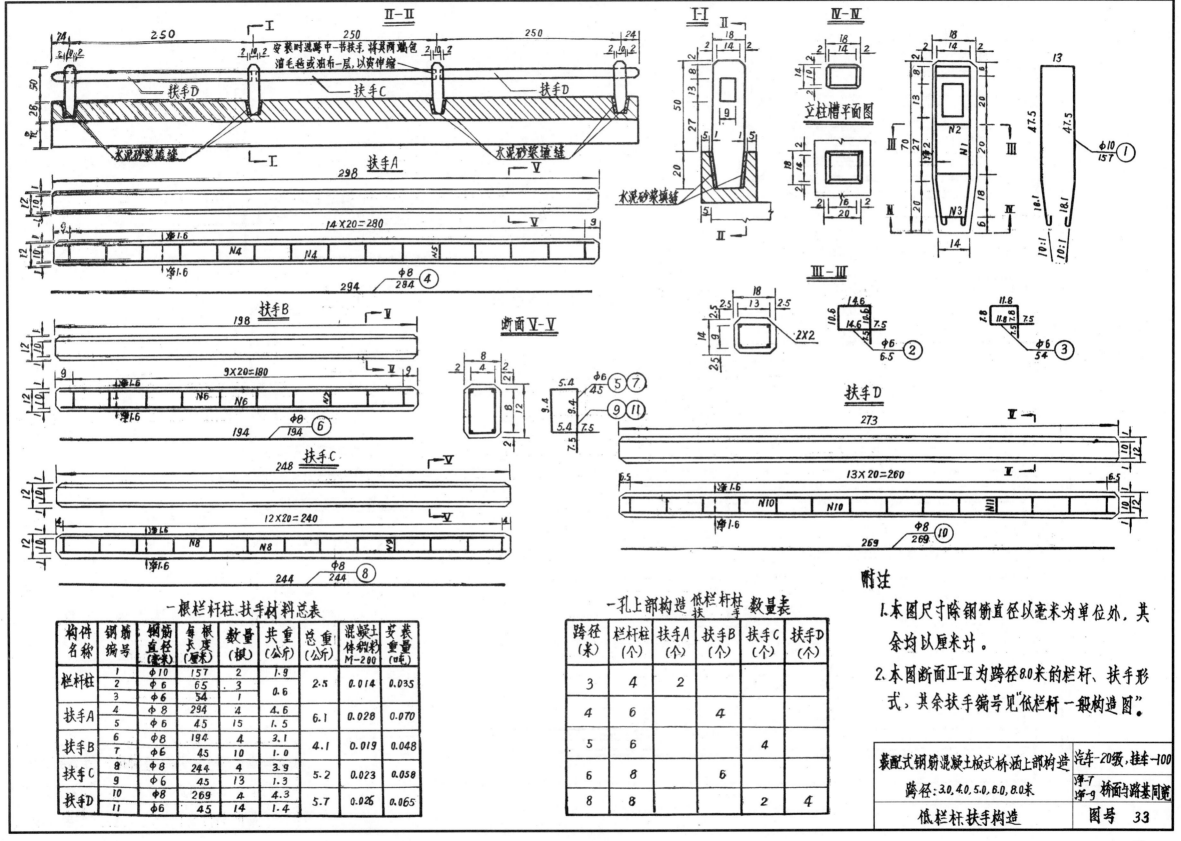

附注 1. 本图尺寸均以厘米为单位。

装配式钢筋混凝土板式桥涵上部构造	汽车-20级 挂车-100
跨径：4.0，5.0，6.0，8.0米	净-7，净-9
高栏杆一般构造	图号 34

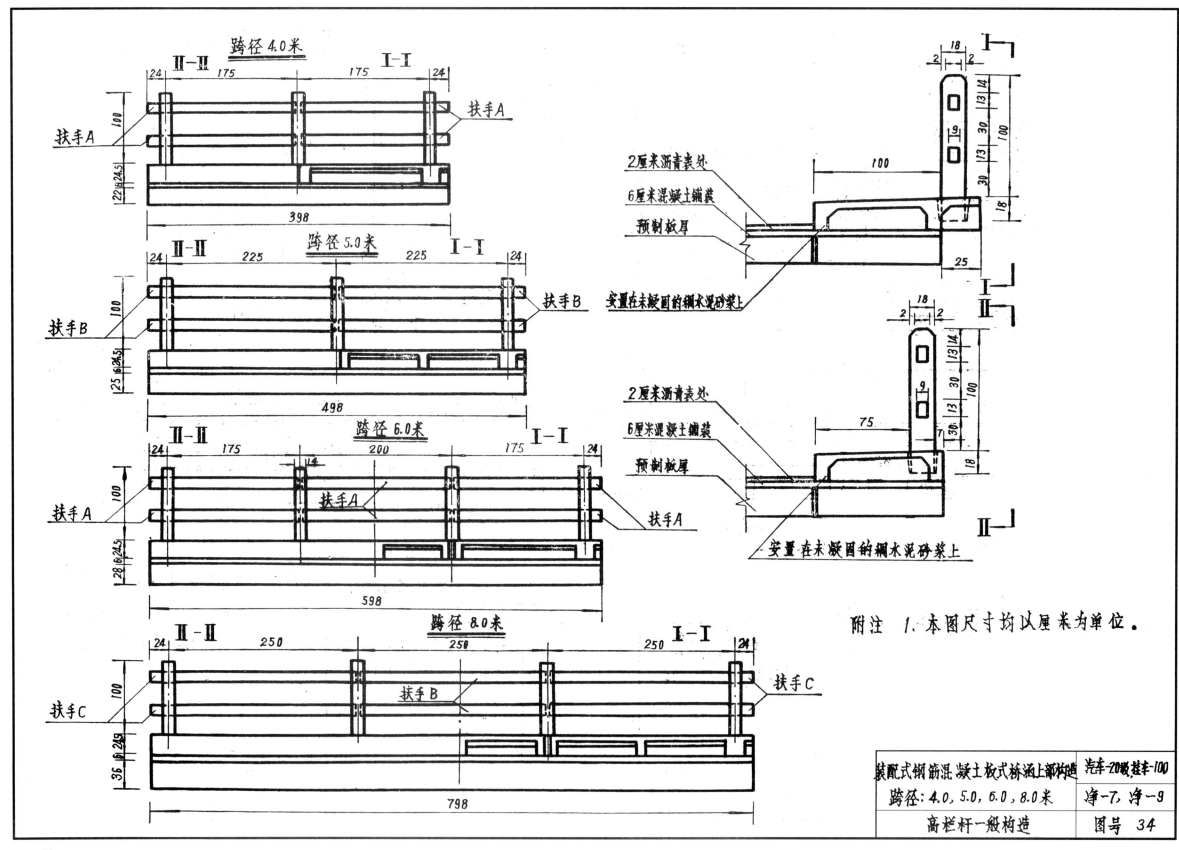

一根栏杆柱、扶手材料总表

构件名称	钢筋编号	钢筋直径(毫米)	每根长度(厘米)	数量(根)	共重(公斤)	总重(公斤)	混凝土体积(米³) M-200	安装重量(吨)
栏杆柱	1	φ10	253	2	3.1	4.0	0.026	0.065
	2	φ6	65	6	0.9			
扶手C	3	φ8	269	4	4.3	5.7	0.026	0.065
	4	φ6	45	14	1.4			
扶手B	5	φ8	244	4	3.9	5.2	0.023	0.058
	6	φ6	45	13	1.3			
扶手A	7	φ8	194	4	3.1	4.1	0.019	0.048
	8	φ6	45	10	1.0			

一孔上部构造栏杆柱、扶手数量表

跨径(米)	栏杆柱(个)	扶手A(个)	扶手B(个)	扶手C(个)
4	6	8		
5	6		8	
6	8	12		
8	8		4	8

附注 1. 本图尺寸除钢筋直径以毫米为单位外，其余均以厘米计。

2. 高栏杆扶手与同跨径低栏杆扶手相同。

装配式钢筋混凝土板式桥涵上部构造	汽车-20级挂车-100
跨径：4.0，5.0，6.0，8.0米	净-7，净-9
高栏杆、扶手构造	图号 35

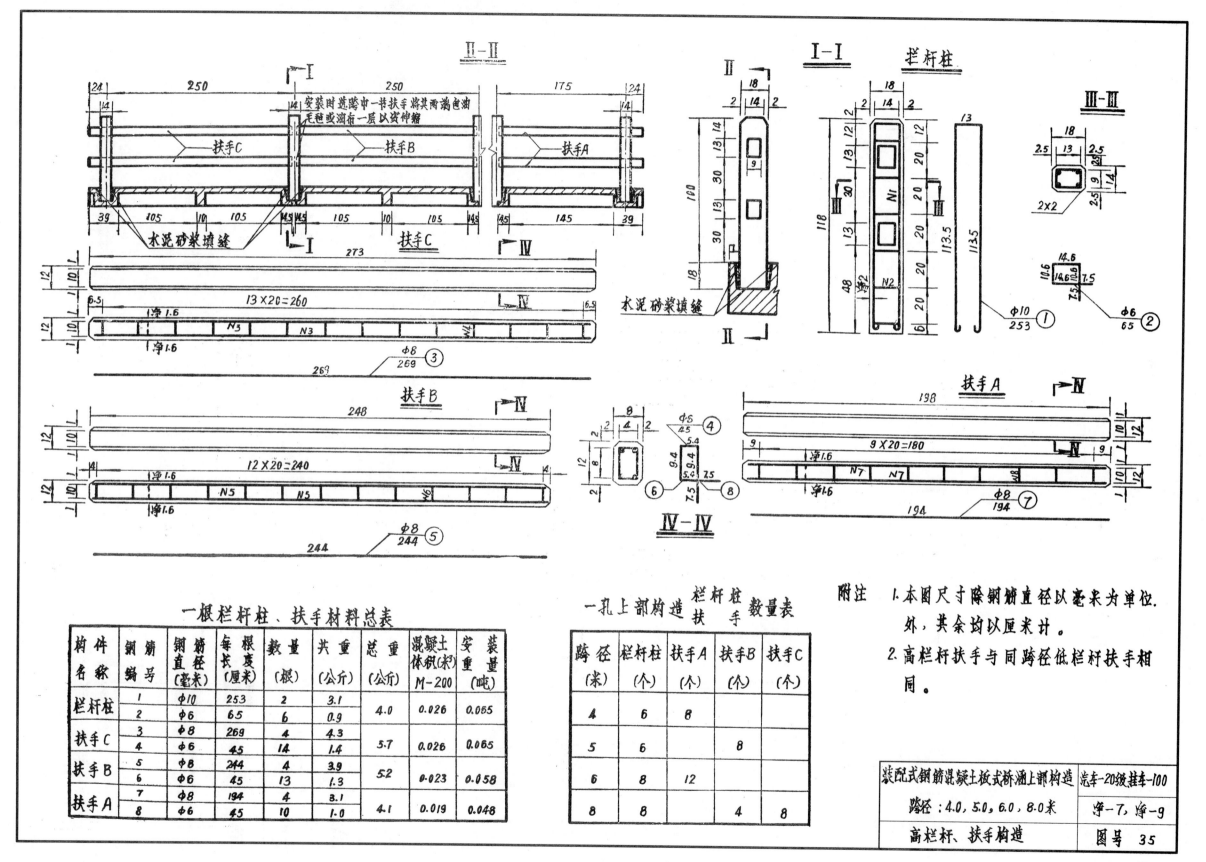

公路桥涵设计图

装配式钢筋、预应力混凝土板

编　　号：JT/GGQS　011—84

跨　　径：5、6、8、10、13、16米

斜 交 角：0°、15°、30°、45°

荷　　载：汽车—超20级、挂车—120

净　　宽：2×净—11.0米

交通部公路规划设计院

1984年·北京

目　　录

名　　称	图号
说　明	
一孔上部构造主要材料表(一)	1
一孔上部构造主要材料表(二)	2
一孔上部构造主要材料表(三)	3
上部构造总体布置	4
预制板一般构造	5
中板钢筋构造(一)　跨径：5米　斜度：0°、15°、30°、45°	6
边板钢筋构造(二)　跨径：5米　斜度：0°、15°、30°、45°	7
中边板钢筋表(三)　跨径：5米　斜度：0°、15°、30°、45°	8
中板钢筋构造(一)　跨径：6米　斜度：0°、15°、30°、45°	9
边板钢筋构造(二)　跨径：6米　斜度：0°、15°、30°、45°	10
中边板钢筋表(三)　跨径：6米　斜度：0°、15°、30°、45°	11
中板钢筋构造(一)　跨径：8米　斜度：0°、15°、30°、45°	12
边板钢筋构造(二)　跨径：8米　斜度：0°、15°、30°、45°	13
中边板钢筋表(三)　跨径：8米　斜度：0°、15°、30°、45°	14
中板钢筋构造(一)　跨径：10米　斜度：0°、15°、30°、45°	15
边板钢筋构造(二)　跨径：10米　斜度：0°、15°、30°、45°	16

名　　称	图号
中边板钢筋表(三)　跨径：10米　斜度：0°、15°、30°、45°	17
中板钢筋构造(一)　跨径：13米　斜度：0°、15°、30°、45	18
边板钢筋构造(二)　跨径：13米　斜度：0°、15°、30°、45°	19
中边板钢筋表(三)　跨径：13米　斜度：0°、15°、30°、45°	20
中板钢筋构造(一)　跨径　16米　斜度：0°、15°、30°、45°	21
边板钢筋构造(二)　跨径：16米　斜度：0°、15°、30°、45°	22
中边板钢筋表(三)　跨径：16米　斜度：0°、15°、30°、45°	23
桥面钢筋网构造	24
斜板钝角加强附加钢筋构造	25
护栏座、泄水管构造	26
护栏构造	27
护栏材料数量表	28
桥面伸缩缝构造	29
护栏伸缩缝构造	30
桥面、护栏伸缩缝材料数量表	31
桥墩处桥面连续及支座构造	32

说 明

本图系根据交通部公路局（84）公路技字45号文《关于京塘汽车专用公路桥涵通用设计图编制分工的函》和交通部公路局（84）公路技字第172号文《关于京塘高速公路桥涵通用图技术设计指标的函》下达的指标编制的。

一、设计依据

1. 交通部部颁《公路工程技术标准》JTJ1981年。
2. 交通部部颁《公路桥涵设计规范》（试行）1975年。
3. 交通部部颁《公路预应力混凝土桥梁设计规范》（试行）1979年。
4. 交通部部颁《公路工程抗震设计规范》（试行）1978年。

二、技术指标

桥面简图	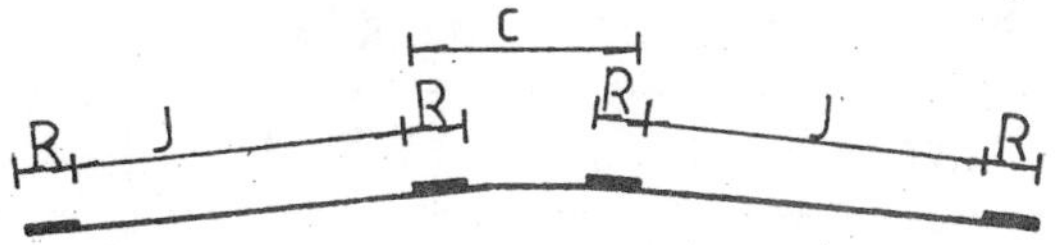
桥面行车道净宽J（米）	2×净 11.0
护栏座宽度R（米）	0.5（外侧） 1.0（内侧）
中央分隔带宽度C（米）	3.0
桥面横向坡度i%	2
设 计 荷 载	汽车—超20级（双车道不折减）挂车—120

跨径 (m)	斜交角度	计算跨径 (m)	板长 (m)	板宽 (m) 中板	板宽 (m) 边板	板高 (m) 预制	板高 (m) 组合
5	0° 15° 30° 45°	4.70	4.96	1.03	1.045	0.30	0.40
6	0° 15° 30° 45°	5.70	5.96	1.03	1.045	0.30	0.40
8	0° 15° 30° 45°	7.70	7.96	1.03	1.045	0.40	0.50
10	0° 15° 30° 45°	9.70	9.96	1.03	1.045	0.40	0.50
13	0° 15° 30° 45°	12.60	12.96	1.03	1.045	0.55	0.65
16	0° 15° 30° 45°	15.60	15.96	1.03	1.045	0.70	0.80

跨径5m、6m、8m为普通钢筋混凝土结构。

跨径10m、13m、16m为先张预应力混凝土结构。

三、主要材料

(一) 混凝土：

1. 预制钢筋混凝土板、铰接缝、整体化混凝土及护栏座均为250#。
2. 预制预应力空心板、铰接缝和整体混凝土为400#；护栏座混凝土为250#。

(二) 钢筋：

1. 预应力钢筋采用φj15（7φ5）钢铰线，其标准强度为15000kg/cm²，其力学机械性能应符合有关规范的规定。
2. 非预应力钢筋采用Ⅱ级螺纹钢筋和Ⅰ级钢筋。

四、设计要点

(一) 本图采用我院编写的简支梁板和简支斜板两个程序进行设计计算的，跨中弯矩以简支正板为设计依据，支点剪力以斜板为设计依据用手算校核程序并作部分补充计算。

(二) 预应力筋的传力锚固长度取75d（d为钢铰线直径）。图中的有效长度已包括了传力锚固长度。

(三) 在预应力混凝土板成批生产前，先作几块预应力混凝土板的试验，观察放松预应力筋后上缘是否开裂；如有裂纹产生，一方面要检查预应力失效措施是否可靠，另一方面应增加板端顶面抵抗预应力产生的负弯矩钢筋。

(四) 预应力也可以不失效，即整个板长为预应力的有效长度，但预制板顶面要配足抵抗预应力所产生的板端负弯矩钢筋。

(五) 本图斜交角规定如下图所示。

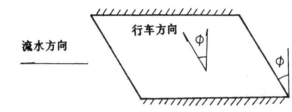

(六) 主要力学性能

跨径		m	5	6	8	10	13	16
板高		cm	30／40	30／40	40／50	40／50	55／65	70／80
钢筋	配筋		6ϕ25	7ϕ25	8ϕ25	11ϕj15(7ϕ5)	14ϕj15(7ϕ5)	16ϕj15(7ϕ5)
	跨中弯矩	t－M	11.699	15.075	28.165	37.536	65.449	98.619
	钢筋应力	kg／cm²	1831.08	1600.90	1749.24	8878	8798	8834
	允许应力	〃	1850	1850	1850	9000	9000	9000
混凝土	支点剪力	T	20.876	22.564	25.924	29.132	36.928	47.884
	剪应力	kg／cm²	8.96	9.89	13.067	17.973	23.081	20.089
	允许剪应力	〃	16.5	16.5	16.5	44	44	44
	主拉应力	〃	8.96	9.89	13.067	16.463	16.693	16.330
	允许主拉应力	〃	19	19	19	23.1 ⁎	23.1 ⁎	20.9
	标号		250	250	250	400	400	400

注：1．表中数值均取其控制值或最大值。

2．表中有⁎符号者为挂车控制的允许值。

五、施工要点

㈠ 预应力筋有效长度范围以外的部分，一定要采取有效措施进行失效处理，失效范围的预应力筋可用硬塑料管套住，使预应力筋与混凝土间不结合。

㈡ 预应力筋采用多根同时张拉时，要采取措施使各根钢筋受力相同。

㈢ 钢筋的绑扎工作，要在张拉结束后8小时进行，以策安全。

㈣ 混凝土强度达到设计强度的80%以上方可放松预应力钢筋。

㈤ 预制板顶面混凝土要进行正规的拉毛处理，以利现浇混凝土与其结合。

㈥ 桥面2%的横坡，由桥墩台帽顶面标高控制设置。

㈦ 为了使支座保持水平受力状态，板端底面作成相应2% 的斜面，注意其倾斜方向要与安装位置相一致。

㈧ 在运输预应力混凝土板时，一定要采取措施，勿使预应力产生的负弯矩起破坏作用。可利用板端吊环给板加一个正弯矩，如图所示

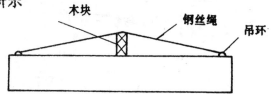

㈨ 为了避免斜板锐角的破损， 将锐角延其边长方向去掉3cm如下图所示

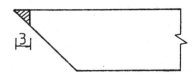

㈩ 为了使张拉锚固钣标准化规格化，预应力主筋的间距皆为五厘米的倍数，图中主筋编号空白位置即表示该孔不穿主筋。

（十一） 铰缝内的锚固环形筋外伸长度控制在17～19cm即可，最长不得大于20cm，否则缝内环形筋不易放平。板顶的锚固环形筋外伸长度25cm。

（十二） 护栏及泄水管均涂红丹二遍、外表涂灰色防锈漆1－2遍。

一孔钢筋混凝土板桥钢筋、混凝土总表

跨径(m)			5				6				8			
板高(cm)			30/40				30/40				40/50			
斜度			0°	15°	30°	45°	0°	15°	30°	45°	0°	15°	30°	45°
预制板	钢筋(kg)	φ25	1418.4	1418.4	1418.4	1418.4	1977.6	1977.6	1977.6	1977.6	2998.8	2998.8	2998.8	2998.8
		φ16	102	102	102	102	102	102	102	102	516	516	516	516
		φ8	744.2	771.4	807	868.2	854.8	882.0	918.6	979.8	1355.0	1405.8	1449.2	1518.0
		合计	2264.6	2291.8	2327.4	2388.6	2934.4	2961.6	2998.2	3059.4	4869.8	4920.6	4964.0	5032.8
	250号混凝土(m^3)		16	16	16	16	19.6	19.6	19.6	19.6	30.4	30.4	30.4	30.4
桥面铺装	钢筋(kg)	φ8	287.6	296.0	324.5	386.9	309.1	317.6	346.1	408.5	364.1	372.6	401.1	463.4
		φ12	——	——	9.2	8.6	——	——	9.2	12.9	——	——	19.4	24.0
	250号混凝土(m^3)		5.5	5.5	5.5	5.5	6.6	6.6	6.6	6.6	8.8	8.8	8.8	8.8
护栏座	钢筋(kg)	φ8	37.3	37.3	37.3	37.3	44.2	44.2	44.2	44.2	58.4	58.4	58.4	58.4
	250号混凝土(m^3)		2	2	2	2	2.4	2.4	2.4	2.4	3.2	3.2	3.2	3.2
桥面沥青混凝土(m^3)			3.3	3.3	3.3	3.3	3.9	3.9	3.9	3.9	5.3	5.3	5.3	5.3
250号铰缝混凝土(m^3)			2.2	2.2	2.2	2.2	2.6	2.6	2.6	2.6	4.9	4.9	4.9	4.9

附注 1.表内材料数量为半个路基宽一孔上部构造数量。
2.板高栏中，分子为预制板高，分母为组合板高。

钢筋预应力混凝土板 跨径：5.6.8米 斜度：0° 15° 30° 45°	汽车—超20级挂车—120 2×净—11.0	
一孔上部构造主要材料表(一)	图号	1

一孔预应力空心板桥钢筋、混凝土总表

跨径（m）			10				13				16			
板高（cm）			40/50				55/65				70/80			
斜度			0°	15°	30°	45°	0°	15°	30°	45°	0°	15°	30°	45°
预制空心板	钢筋（kg）	φ15（7φ5）	1447.2	1447.2	1447.2	1447.2	2394	2394	2394	2394	3370.8	3370.8	3370.8	3370.8
		Φ12	319.2	319.2	319.2	319.2	424.8	424.8	424.8	424.8	531.6	531.6	531.6	531.6
		Φ8	1354.2	1356.6	1407.6	1489.2	1834.6	1880.8	1920.4	1986.0	2363.2	2412.6	2455.6	2524.6
		Φ22	164.4	164.4	164.4	164.4	200.4	200.4	200.4	200.4	258.0	258.0	258.0	258.0
		合计	3285.0	3287.4	3338.4	3420.0	4853.8	4900.0	4939.6	5005.2	6523.6	6573.0	6616.0	6685.0
	400号混凝土（m³）		37.8	37.8	37.8	37.8	61.2	61.2	61.2	61.2	81.2	81.2	81.2	81.2
桥面铺装	钢筋（kg）	Φ8	434.9	443.4	471.8	534.2	570.7	579.2	607.6	670.0	742.1	750.5	779.0	841.3
		Φ12	—	—	25.9	30.9	—	—	41.6	47.2	—	—	61.0	78.1
	400号混凝土（m³）		11	11	11	11	14.3	14.3	14.3	14.3	17.6	17.6	17.6	17.6
护栏座	钢筋（kg）	Φ8	72.6	72.6	72.6	72.6	93.7	93.7	93.7	93.7	114.8	114.8	114.8	114.8
	250号混凝土（m³）		4	4	4	4	5.3	5.3	5.3	5.3	6.5	6.5	6.5	6.5
桥面沥青混凝土（m³）			6.6	6.6	6.6	6.6	8.6	8.6	8.6	8.6	10.5	10.5	10.5	10.5
400号铰缝混凝土（m³）			6.2	6.2	6.2	6.2	11.2	11.2	11.2	11.2	17.3	17.3	17.3	17.3

附注 1.表内材料数量为半个路基宽一孔上部构造数量。

2.板高栏中，分子为预制板高，分母为组合板高。

钢筋预应力混凝土板 跨径：10、13、16米 斜度：0° 15° 30° 45°	汽车-超20级，挂车-120 2×净—11.0
一孔上部构造主要材料表（二）	图号 2

护栏、桥面钢板伸缩缝及桥面连续钢材表（一道）

单位：公斤

斜度	护栏伸缩缝				桥面伸缩缝				桥面连续		
	50cm护栏座		100cm护栏座		钢板厚			钢筋	钢筋		橡胶垫
	钢板10mm	钢筋Φ12	钢板10mm	钢筋Φ12	4mm	10mm	16mm	Φ12	φ8	Φ12	
0°	42	7	83	12	185	397	456	115	90	203	50
15°	43	7	85	12	185	411	472	115	93	203	52
30°	46	7	94	12	185	459	527	115	104	203	58
45°	54	7	113	12	185	561	645	115	127	203	71

一孔上部构造钢筋混凝土材料总表

板高（cm）			30/40		40/50		55/65	70/80
跨径（m）			5	6	8	10	13	16
钢筋	0°	kg	2590	3288	5292	3793	5518	7381
	15°	kg	2625	3323	5352	3803	5573	7438
	30°	kg	2698	3398	5443	3909	5683	7571
	45°	kg	2821	3525	5579	4058	5816	7719
混凝土		m^3	26	31	47	59	92	122
桥面沥青混凝土		m^3	3	4	5	7	9	11
护栏钢材数量		kg	277	308	418	527	668	809

附注：材料总表内未包括护栏，桥面钢板、伸缩缝及桥面连续的材料数量。

排水管个数表

跨径（m）	单孔	连孔			
		二孔	三孔	四孔	五孔
5.6	2	4	6	8	10
8	3	6	8	11	14
10	4	7	10	14	17
13	5	9	13	18	22
16	6	11	16	22	27

钢筋预应力混凝土板 跨径：5.6.8.10.13.16米 斜度：0°15°30°45°	汽车-超20级挂车-120 2X净—11.0
一孔上部构造主要材料表(三)	图号 3

排水系统

铰缝构造

I—I

II—II

附注 1.本图尺寸均以厘米为单位.
2. 2%的横坡设在墩顶上.
3. 泄水管构造详见图号26.
4. 防震锚栓构造见下部构造.

钢筋、预应力混凝土板 跨径 5、6、8、10、13、16米 斜度 0°、15°、30°、45°	汽车—超20级，挂车—120 2×净—11.0
上部构造总体布置	图号 4

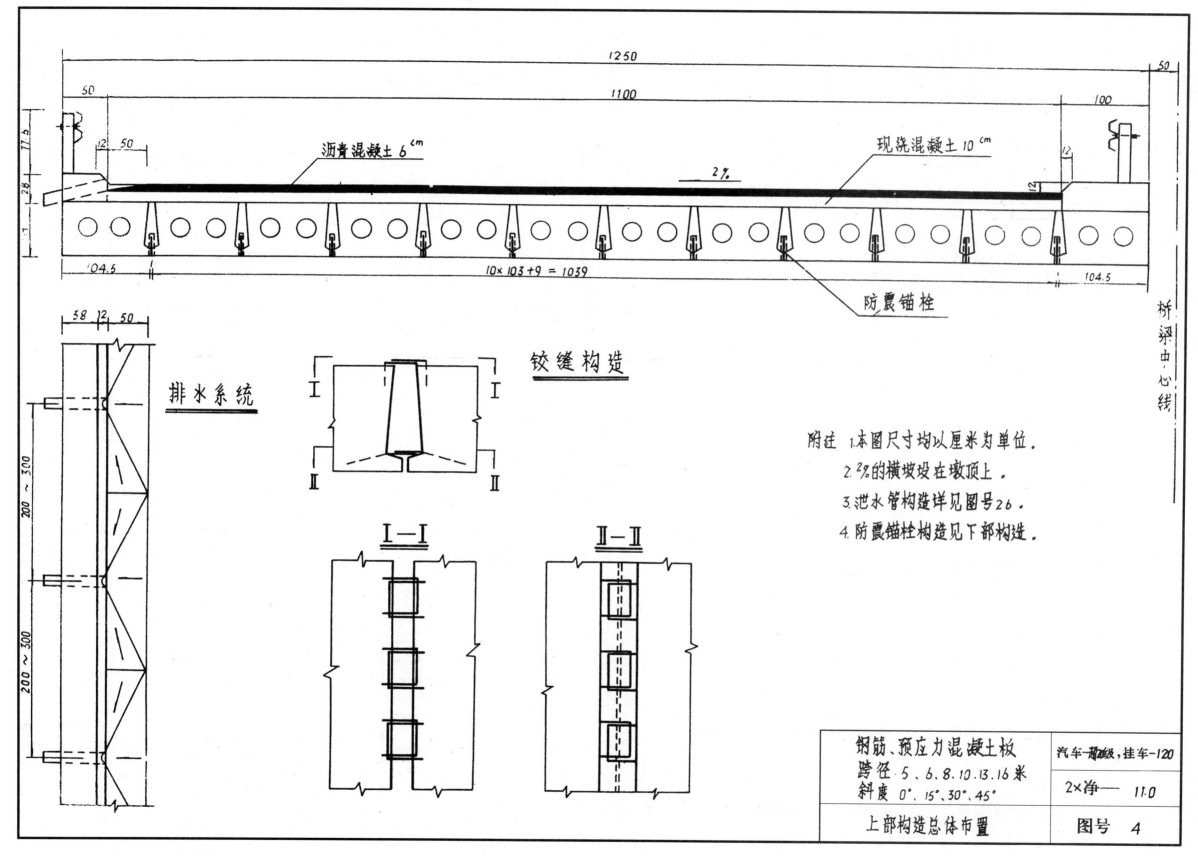

附注 1. 本图尺寸均以厘米为单位。

2. 边板内侧构造与中板侧面相同。

3. 预制板端底面制成 2% 斜面，使支座处于水平状态，但应注意倾斜方向。

钢筋预应力混凝土板 跨径：5、6、8、10、13、16米 斜度：0°、15°、30°、45°	汽车-超20级，挂车-120 2×净—11.0
预制板一般构造	图号 5

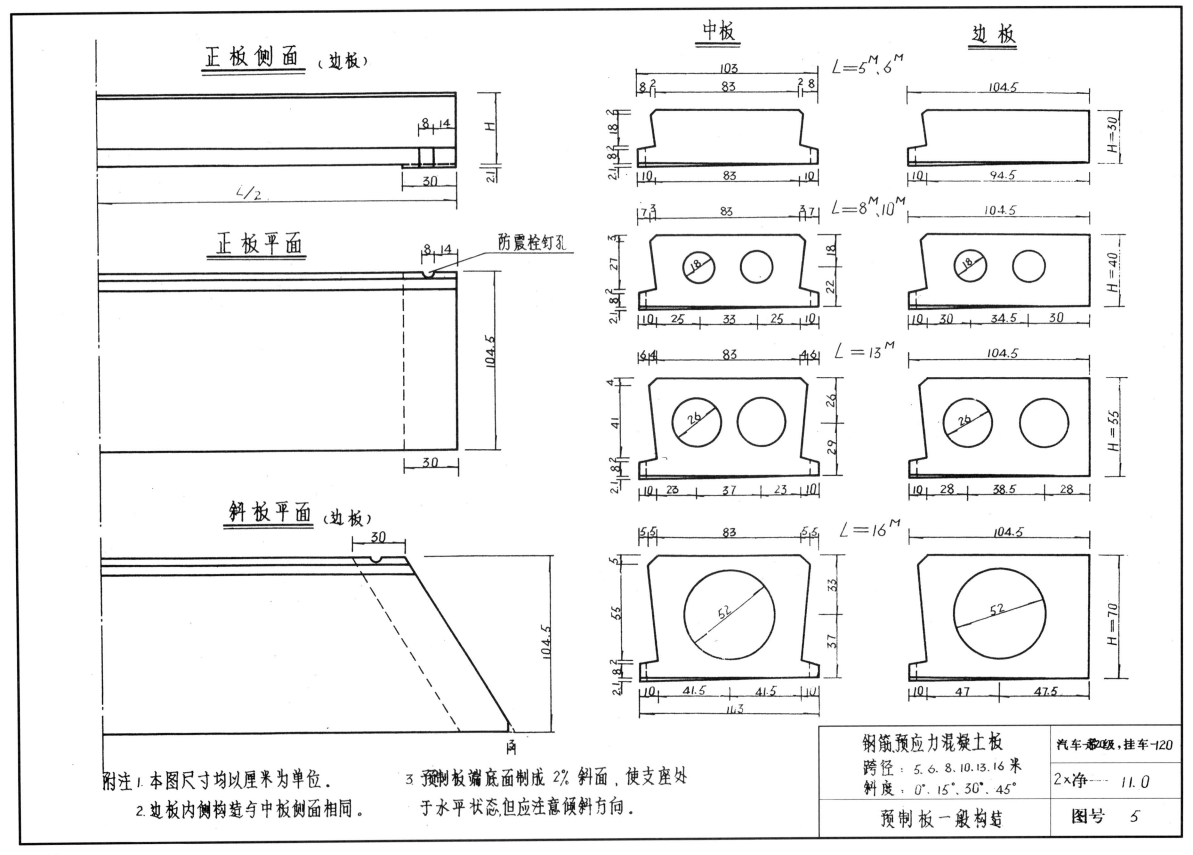

附注 1. 本图尺寸除钢筋直径以毫米计外,余均以厘米计。

2. N7钢筋与N1钢筋绑扎连接。在块件预制时紧贴侧模,脱模后拔出。

3. 本图钢筋明细表见图号8。

4. N7、N8钢筋在Ⅱ-Ⅱ、Ⅲ-Ⅲ断面中未示出。

钢筋混凝土板 跨径:5米,板高:30厘米 斜度:0°,15°,30°,45°	汽车-超20级,挂车-120 2×净—11.0
中板钢筋构造(一)	图号 6

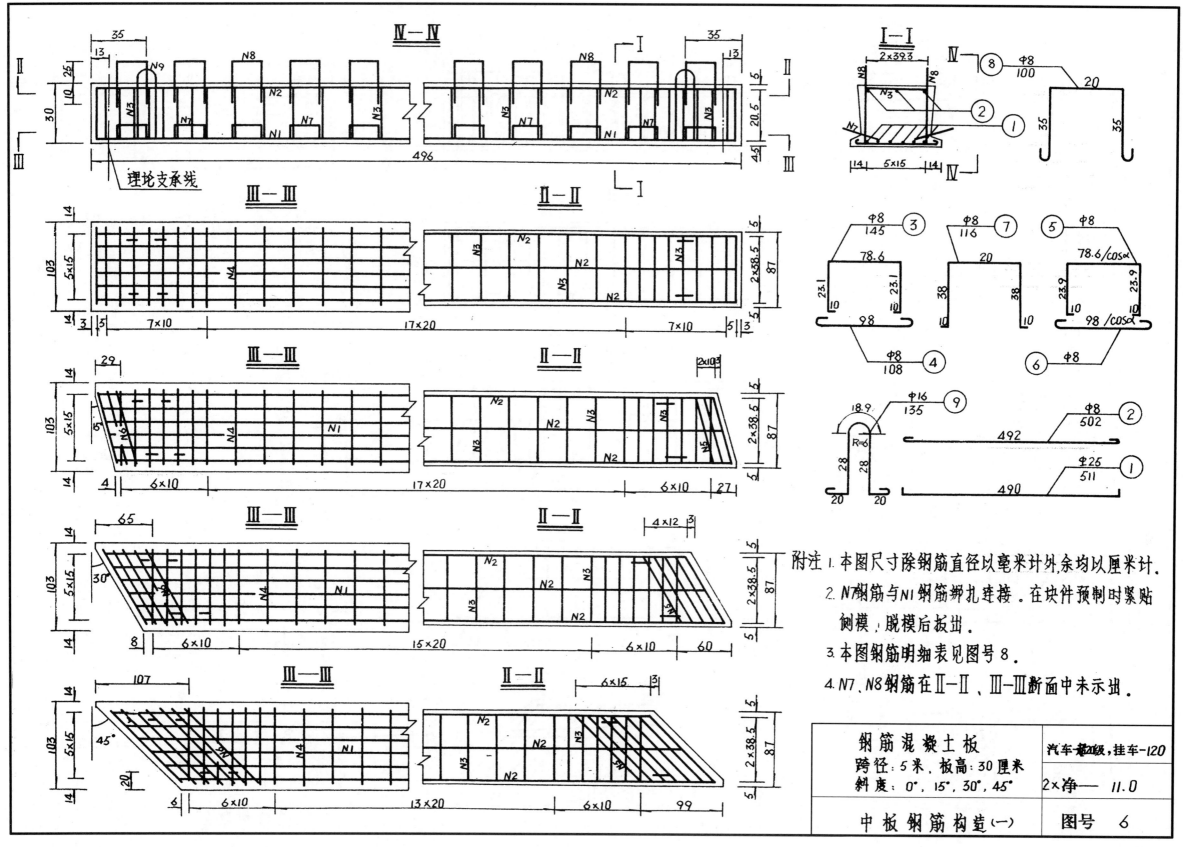

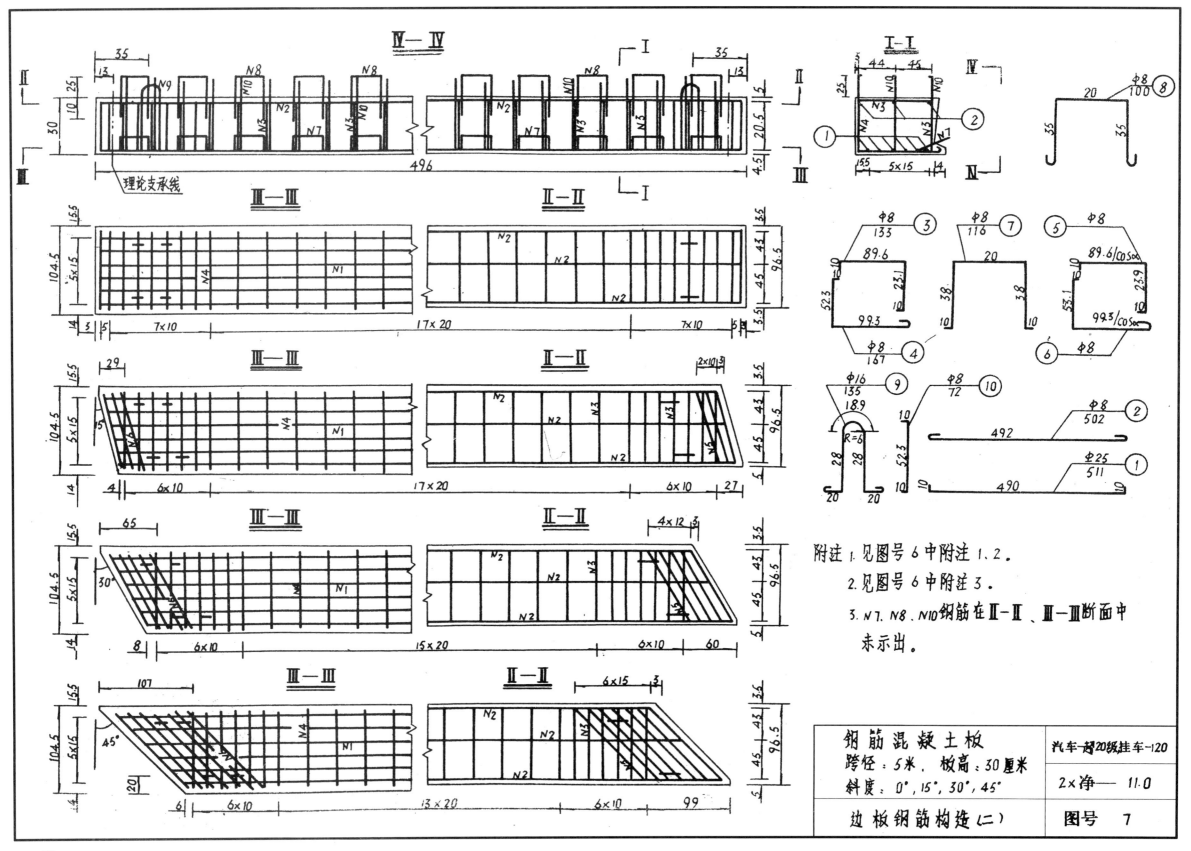

一块板钢筋明细表

板类	钢筋编号	直径 (mm)	0° 一根长度 (cm)	0° 根数	0° 共长 (m)	15° 一根长度 (cm)	15° 根数	15° 共长 (m)	30° 一根长度 (cm)	30° 根数	30° 共长 (m)	45° 一根长度 (cm)	45° 根数	45° 共长 (m)
中板	1	Φ25	511	6	30.66	511	6	30.66	511	6	30.66	511	6	30.66
	2	Φ8	502	3	15.06	502	3	15.06	502	3	15.06	502	3	15.06
	3	Φ8	145	34	49.30	145	30	43.50	145	28	40.60	145	26	37.70
	4	Φ8	108	34	36.72	108	30	32.40	108	28	30.24	108	26	28.08
	5	Φ8	——	——	——	150	6	9.00	159	10	15.90	179	14	25.06
	6	Φ8	——	——	——	111	6	6.66	123	10	12.30	149	14	20.86
	7	Φ8	116	24	27.84	116	24	27.84	116	24	27.84	116	24	27.84
	8	Φ8	100	24	24.00	100	24	24.00	100	24	24.00	100	24	24.00
	9	Φ16	135	4	5.40	135	4	5.40	135	4	5.40	135	4	5.40
边板	1	Φ25	511	6	30.66	511	6	30.66	511	6	30.66	511	6	30.66
	2	Φ8	502	3	15.06	502	3	15.06	502	3	15.06	502	3	15.06
	3	Φ8	133	34	45.22	133	30	39.90	133	28	37.24	133	26	34.58
	4	Φ8	167	34	56.78	167	30	50.10	167	28	46.76	167	26	43.42
	5	Φ8	——	——	——	137	6	8.22	147	10	14.70	171	14	23.94
	6	Φ8	——	——	——	171	6	10.26	183	10	18.30	209	14	29.26
	7	Φ8	116	12	13.92	116	12	13.92	116	12	13.92	116	12	13.92
	8	Φ8	100	12	12.00	100	12	12.00	100	12	12.00	100	12	12.00
	9	Φ16	135	4	5.40	135	4	5.40	135	4	5.40	135	4	5.40
	10	Φ8	72	48	34.56	72	48	34.56	72	48	34.56	72	48	34.56

一块板材料总表

板类	钢筋 直径 (mm)	0° 总长 (m)	0° 总重 (kg)	15° 总长 (m)	15° 总重 (kg)	30° 总长 (m)	30° 总重 (kg)	45° 总长 (m)	45° 总重 (kg)	混凝土 (m³)
中板	Φ25	30.7	118.2	30.7	118.2	30.7	118.2	30.7	118.2	M−250 1.3
	Φ16	5.4	8.5	5.4	8.5	5.4	8.5	5.4	8.5	
	Φ8	152.9	60.4	158.5	62.6	165.9	65.5	178.6	70.5	
	合计	——	187.1	——	189.3	——	192.2	——	197.2	
边板	Φ25	30.7	118.2	30.7	118.2	30.7	118.2	30.7	118.2	M−250 1.5
	Φ16	5.4	8.5	5.4	8.5	5.4	8.5	5.4	8.5	
	Φ8	177.5	70.1	184.0	72.7	192.5	76.0	206.7	81.6	
	合计	——	196.8	——	199.4	——	202.7	——	208.3	

钢筋混凝土板 跨径：5米，板高：30厘米 斜度：0°，15°，30°，45°	汽车-超20级，挂车-120 2×净—11.0
中、边板钢筋表(三)	图号 8

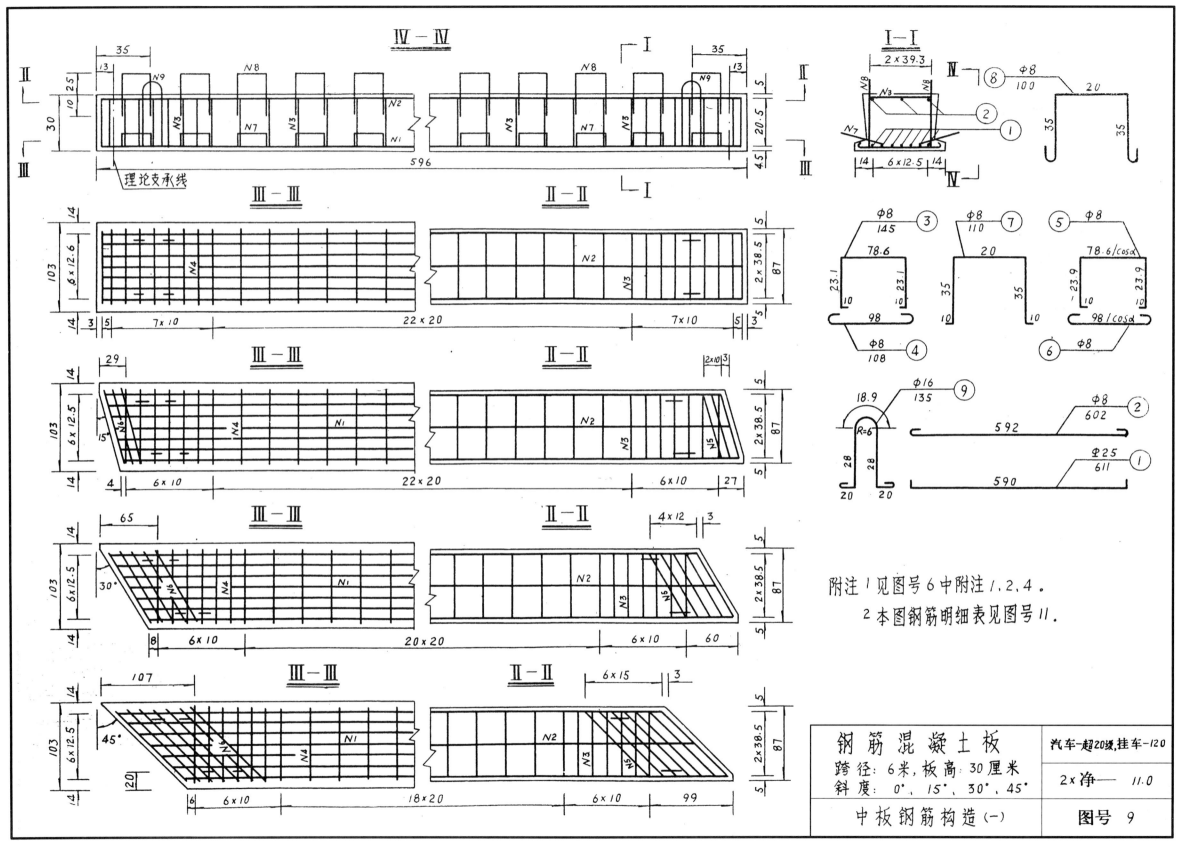

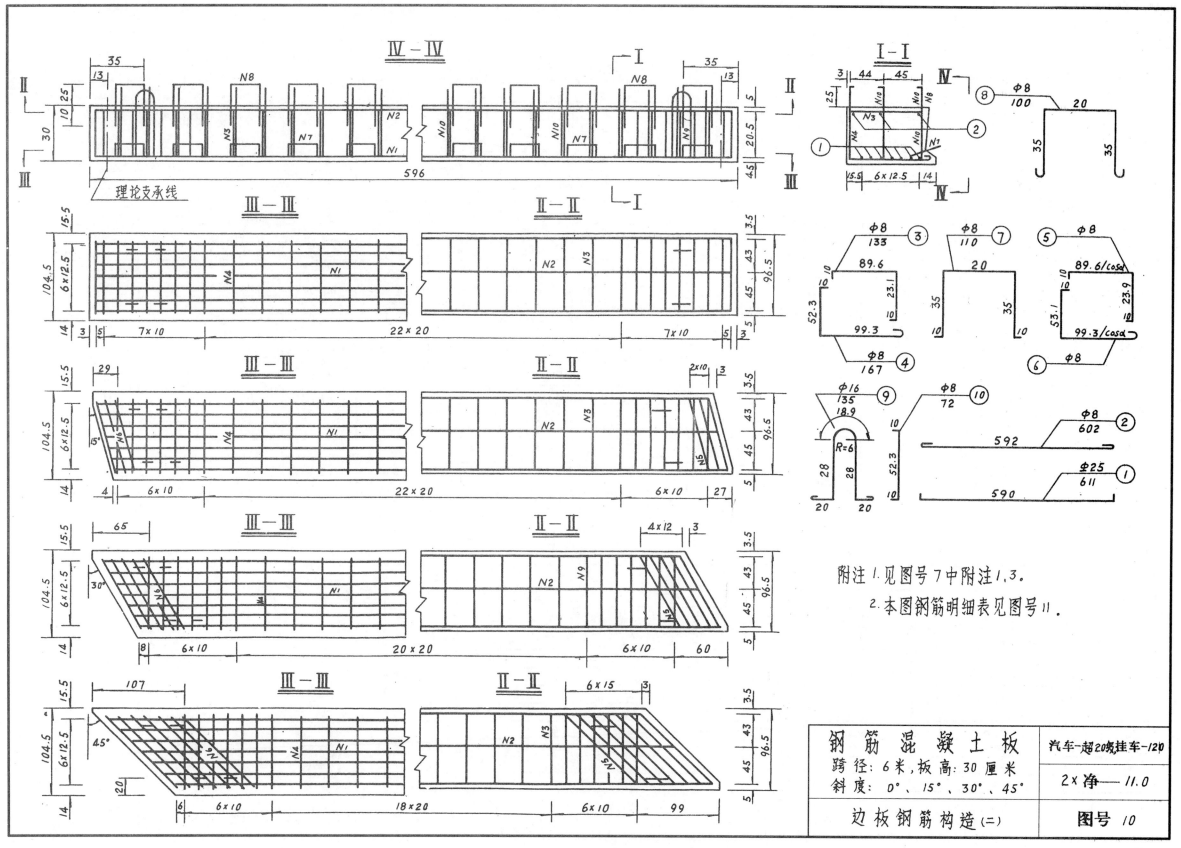

一块板钢筋明细表

板类	钢筋编号	直径 (mm)	0°			15°			30°			45°		
			一根长度 (cm)	根数	共长 (m)	一根长度 (cm)	根数	共长 (m)	一根长度 (cm)	根数	共长 (m)	一根长度 (cm)	根数	共长 (m)
中板	1	Φ25	611	7	42.77	611	7	42.77	611	7	42.77	611	7	42.77
	2	Φ8	602	3	18.06	602	3	18.06	602	3	18.06	602	3	18.06
	3	Φ8	145	39	56.55	145	35	50.75	145	33	47.85	145	31	44.95
	4	Φ8	108	39	42.12	108	35	37.80	108	33	35.64	108	31	33.48
	5	Φ8	—	—	—	150	6	9.00	159	10	15.90	179	14	25.06
	6	Φ8	—	—	—	111	6	6.66	123	10	12.30	149	14	20.86
	7	Φ8	110	28	30.80	110	28	30.80	110	28	30.80	110	28	30.80
	8	Φ8	100	28	28.00	100	28	28.00	100	28	28.00	100	28	28.00
	9	Φ16	135	4	5.40	135	4	5.40	135	4	5.40	135	4	5.40
边板	1	Φ25	611	7	42.77	611	7	42.77	611	7	42.77	611	7	42.77
	2	Φ8	602	3	18.06	602	3	18.06	602	3	18.06	602	3	18.06
	3	Φ8	133	39	51.87	133	35	46.55	133	33	43.89	133	31	41.23
	4	Φ8	167	39	65.13	167	35	58.45	167	33	55.11	167	31	51.77
	5	Φ8	—	—	—	137	6	8.22	147	10	14.70	171	14	23.94
	6	Φ8	—	—	—	171	6	10.26	183	10	18.30	209	14	29.26
	7	Φ8	110	14	15.40	110	14	15.40	110	14	15.40	110	14	15.40
	8	Φ8	100	14	14.00	100	14	14.00	100	14	14.00	100	14	14.00
	9	Φ16	135	4	5.40	135	4	5.40	135	4	5.40	135	4	5.40
	10	Φ8	72	56	40.32	72	56	40.32	72	56	40.32	72	56	40.32

一块板材料总表

板类	钢筋									混凝土 (m^3)
	直径 (mm)	0°		15°		30°		45°		
		总长 (m)	总重 (Kg)	总长 (m)	总重 (Kg)	总长 (m)	总重 (Kg)	总长 (m)	总重 (Kg)	
中板	Φ25	42.8	164.8	42.8	164.8	42.8	164.8	42.8	164.8	M-250 1.6
	Φ16	5.4	8.5	5.4	8.5	5.4	8.5	5.4	8.5	
	Φ8	175.5	69.3	181.1	71.5	188.6	74.5	201.2	79.5	
	合计	—	242.6	—	244.8	—	247.8	—	252.8	
边板	Φ25	42.8	164.8	42.8	164.8	42.8	164.8	42.8	164.8	M-250 1.8
	Φ16	5.4	8.5	5.4	8.5	5.4	8.5	5.4	8.5	
	Φ8	204.7	80.9	211.3	83.5	219.8	86.8	234.0	92.4	
	合计	—	254.2	—	256.8	—	260.1	—	265.7	

钢筋混凝土板 跨径：6米，板高：30厘米 斜度：0°，15°，30°，45°	汽车-超20级，挂车-120 2×净—11.0
中、边板钢筋表（三）	图号 11

附注 N11钢筋与外侧N1钢筋焊接，本图钢筋明细表见图号14.余见图号6中附注1.2。

钢筋混凝土板 跨径：8米，板高：40厘米 斜度：0°，15°，30°，45°	汽车-超20级，挂车-120 2×净—11.0
中板钢筋构造（一）	图号 12

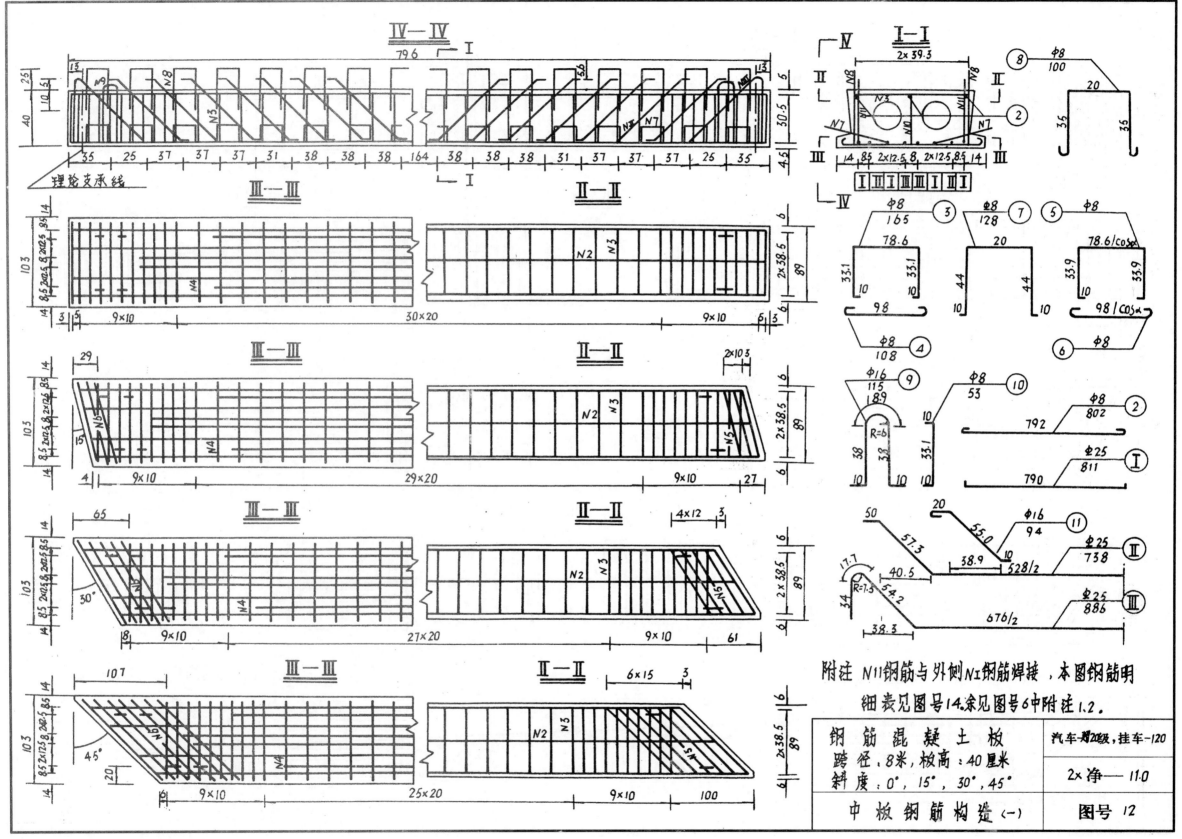

附注 N11 钢筋与外侧 N1 钢筋焊接，本图钢筋明细表见图号 14。余见图号 7 中附注 1.2.3。

钢筋混凝土板 跨径：8米、板高：40厘米 斜度：0°、15°、30°、45°	汽车—超20级，挂车—120 2×净—11.0
边板钢筋构造(二)	图号 13

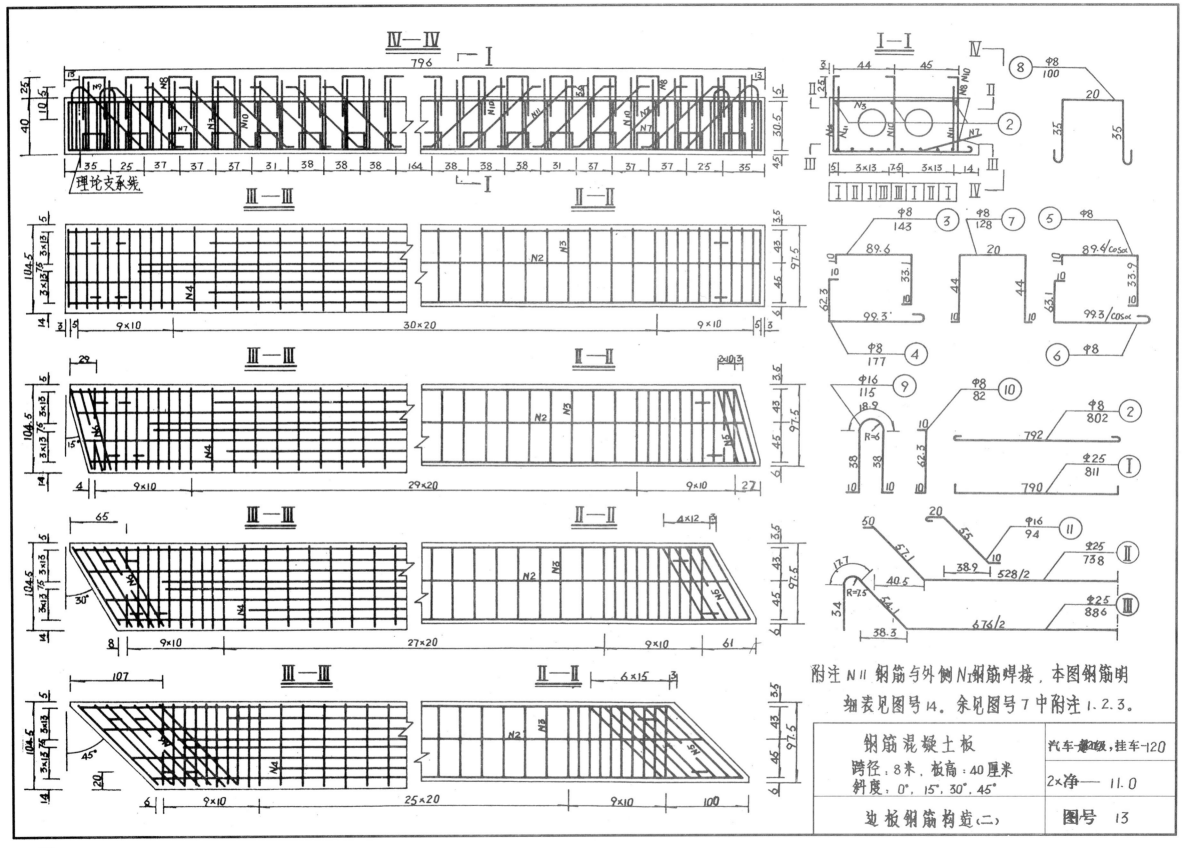

一块板钢筋明细表

板类	钢筋编号	直径(mm)	0° 一根长度(cm)	0° 根数	0° 共长(m)	15° 一根长度(cm)	15° 根数	15° 共长(m)	30° 一根长度(cm)	30° 根数	30° 共长(m)	45° 一根长度(cm)	45° 根数	45° 共长(m)
中板	Ⅰ	Φ25	811	4	32.44	811	4	32.44	811	4	32.44	811	4	32.44
	Ⅱ	Φ25	738	2	14.76	738	2	14.76	738	2	14.76	738	2	14.76
	Ⅲ	Φ25	886	2	17.72	886	2	17.72	886	2	17.72	886	2	17.72
	2	φ8	802	3	24.06	802	3	24.06	802	3	24.06	802	3	24.06
	3	φ8	165	51	84.15	165	48	79.20	165	46	75.90	165	44	72.60
	4	φ8	108	51	55.08	108	48	51.84	108	46	49.68	108	44	47.52
	5	φ8	—	—	—	170	6	10.20	179	10	17.90	199	14	27.86
	6	φ8	—	—	—	111	6	6.66	123	10	12.30	149	14	20.86
	7	φ8	128	40	51.20	128	40	51.20	128	40	51.20	128	40	51.20
	8	φ8	100	40	40.00	100	40	40.00	100	40	40.00	100	40	40.00
	9	φ16	115	4	4.60	115	4	4.60	115	4	4.60	115	4	4.60
	10	φ8	53	51	27.03	53	54	28.62	53	56	29.68	53	58	30.74
	11	φ16	94	24	22.56	94	24	22.56	94	24	22.56	94	24	22.56
边板	Ⅰ	Φ25	811	4	32.44	811	4	32.44	811	4	32.44	811	4	32.44
	Ⅱ	Φ25	738	2	14.76	738	2	14.76	738	2	14.76	738	2	14.76
	Ⅲ	Φ25	886	2	17.72	886	2	17.72	886	2	17.72	886	2	17.72
	2	φ8	802	3	24.06	802	3	24.06	802	3	24.06	802	3	24.06
	3	φ8	143	51	72.93	143	48	68.64	143	46	65.78	143	44	62.92
	4	φ8	177	51	90.27	177	48	84.96	177	46	81.42	177	44	77.88
	5	φ8	—	—	—	147	6	8.82	157	10	15.70	181	14	25.34
	6	φ8	—	—	—	181	6	10.86	193	10	19.30	219	14	30.66
	7	φ8	128	20	25.60	128	20	25.60	128	20	25.60	128	20	25.60
	8	φ8	100	20	20.00	100	20	20.00	100	20	20.00	100	20	20.00
	9	φ16	115	4	4.60	115	4	4.60	115	4	4.60	115	4	4.60
	10	φ8	82	91	74.62	82	94	77.08	82	96	78.72	82	98	80.36
	11	φ16	94	24	22.56	94	24	22.56	94	24	22.56	94	24	22.56

一块板材料总表

板类	钢筋 直径(mm)	0° 总长(m)	0° 总重(kg)	15° 总长(m)	15° 总重(kg)	30° 总长(m)	30° 总重(kg)	45° 总长(m)	45° 总重(kg)	混凝土(m^3)
中板	Φ25	64.9	249.9	64.9	249.9	64.9	249.9	64.9	249.9	M-250 2.5
	φ16	27.2	43.0	27.2	43.0	27.2	43.0	27.2	43.0	
	φ8	281.5	111.2	291.8	115.3	300.7	118.8	314.8	124.4	
	合计	—	404.1	—	408.2	—	411.7	—	417.3	
边板	Φ25	64.9	249.9	64.9	249.9	64.9	249.9	64.9	249.9	M-250 2.7
	φ16	27.2	43.0	27.2	43.0	27.2	43.0	27.2	43.0	
	φ8	307.5	121.5	320.0	126.4	330.6	130.6	346.8	137.0	
	合计	—	414.4	—	419.3	—	423.5	—	429.9	

钢筋混凝土板 跨径:8米,板高:40厘米 斜度:0°,15°,30°,45°	汽车-超20级,挂车-120 2×净—11.0
中、边板钢筋表(三)	图号 14

预应力筋有效长度表

钢筋编号	斜度 0°	15°	30°	45°
1	996	996	996	996
2	700	700	700	700
3	996	996	996	996
4				
5	840	840	840	840
6				
7	996	996	996	996
8				
9	996	996	996	996

附注 1. 主筋有效长度对称板中心线布置。失效措施参见说明。

2. 14号钢筋与5号主筋绑扎在一起，上端在块件预制时紧贴侧模，脱后扳出。

3. 本图钢筋明细表见图号17。

4. 本图尺寸均以厘米计。

5. 斜板钢筋仅示板端箍筋构造，余同中板。

预应力混凝土空心板 跨径：10米 板高40厘米 斜度：0° 15° 30° 45°	汽车—超20级，挂车—120	2×净—11.0
中板钢筋构造（一）	图号 15	

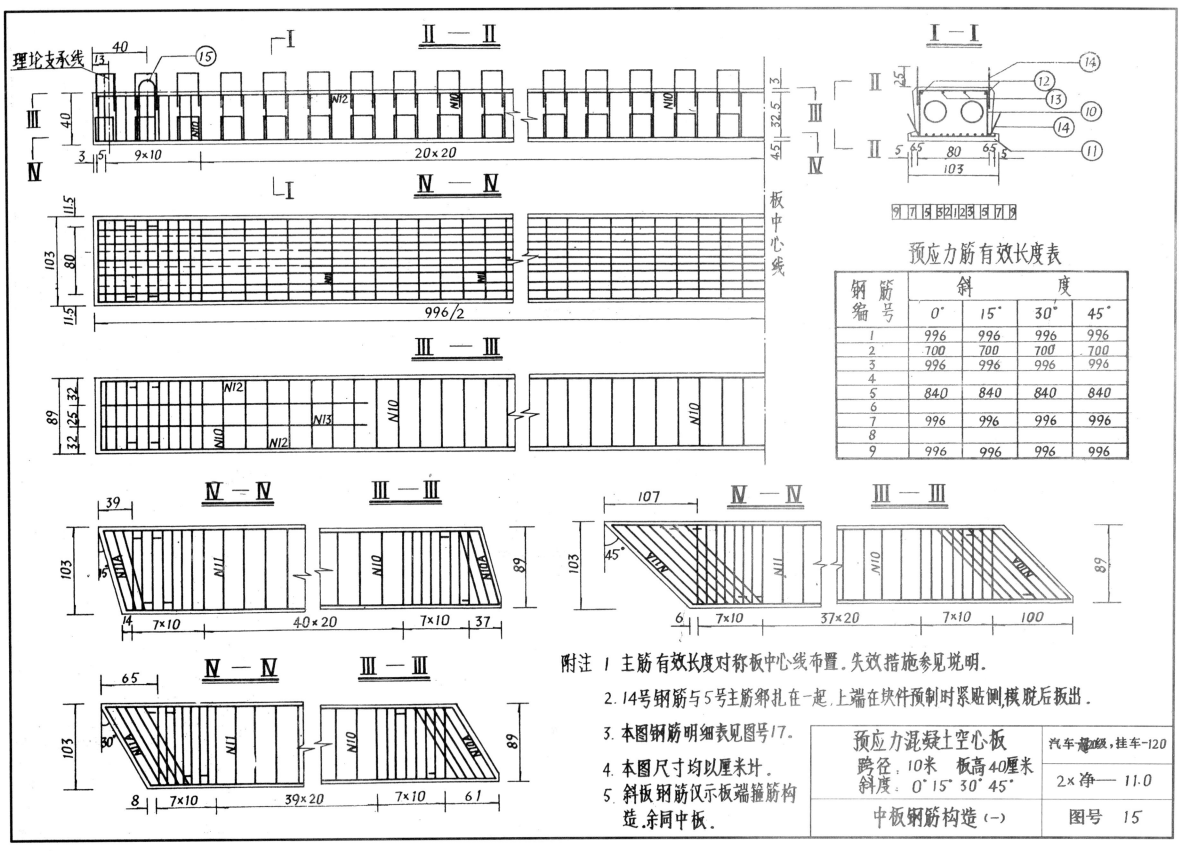

预应力筋有效长度

钢筋编号	斜度 0°	斜度 15°	斜度 30°	斜度 45°
1	996	996	996	996
2	700	700	700	700
3	996	996	996	996
4				
5	840	840	840	840
6				
7	996	996	996	996
8				
9	996	996	996	996

附注　本图附注详见图号15.

预应力混凝土空心板 跨径：10米　板高：40厘米 斜度：0° 15° 30° 45°	汽车—超20级，挂车—120 2×净—11.0
边板钢筋构造（二）	图号　16

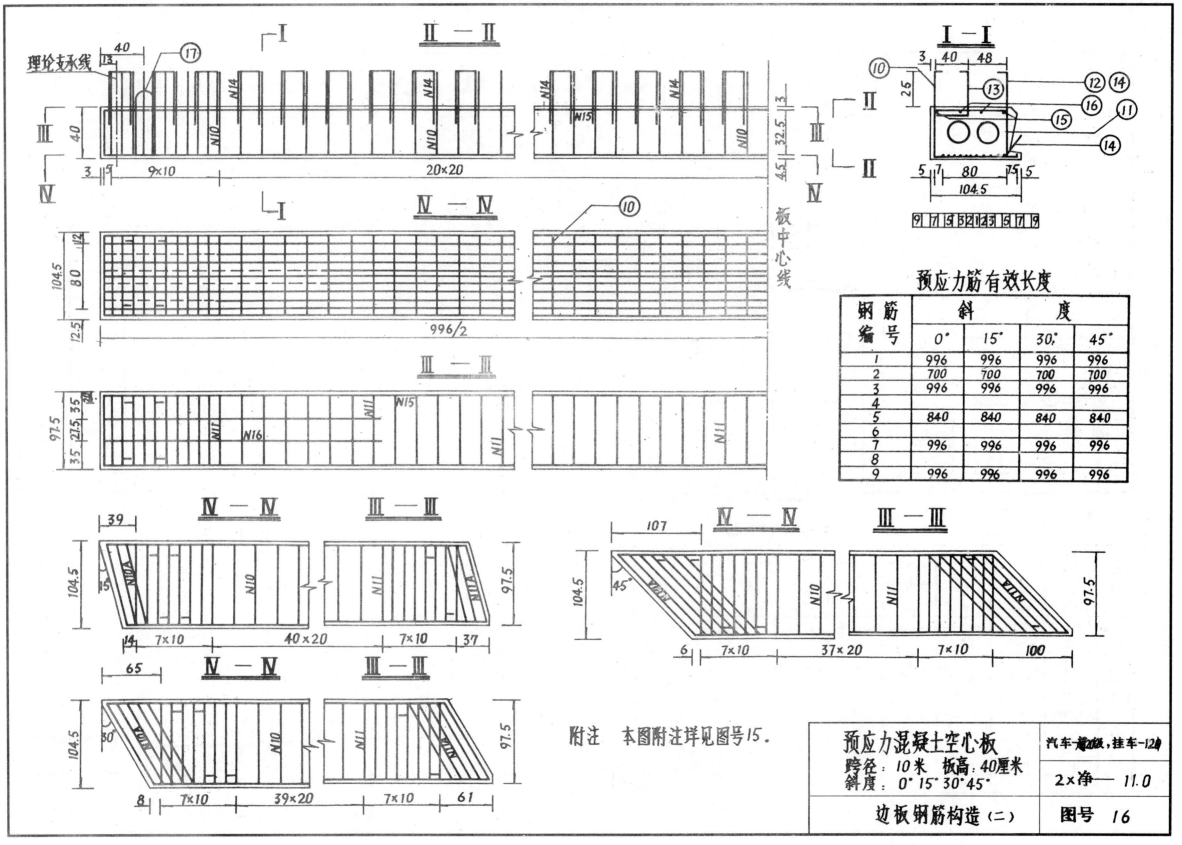

一块板钢筋明细表

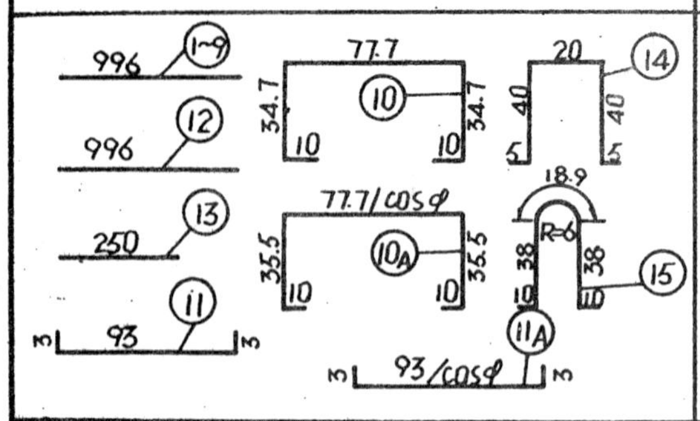

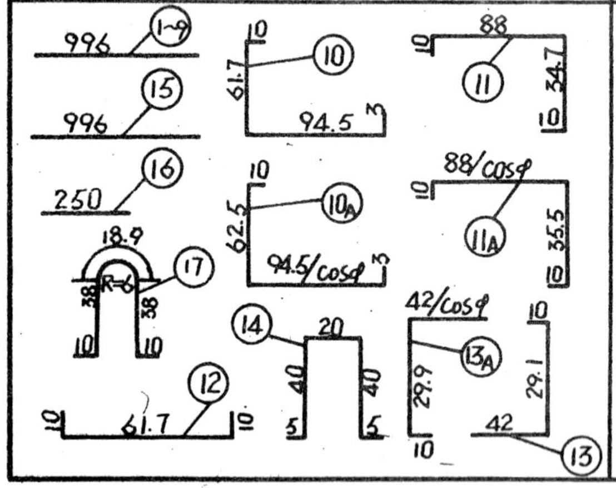

钢筋形式	板类	钢筋编号	直径 (mm)	0° 一根长度 (cm)	0° 根数	0° 共长 (m)	15° 一根长度 (cm)	15° 根数	15° 共长 (m)	30° 一根长度 (cm)	30° 根数	30° 共长 (m)	45° 一根长度 (cm)	45° 根数	45° 共长 (m)
见上图（中板）	中板	1~9	φj15(7φ5)	996	11	109.56	996	11	109.56	996	11	109.56	996	11	109.56
		10	φ8	167	61	101.87	167	55	91.85	167	54	90.18	167	52	86.84
		10A	φ8				171	6	10.26	181	10	18.10	201	14	28.14
		11	φ8	99	61	60.39	99	55	54.45	99	54	53.46	99	52	51.48
		11A	φ8	——	——	——	102	6	6.12	113	10	11.30	138	14	19.32
		12	Φ12	996	2	19.92	996	2	19.92	996	2	19.92	996	2	19.92
		13	Φ12	250	4	10	250	4	10	250	4	10	250	4	10
		14	φ8	110	104	114.4	110	104	114.4	110	104	114.4	110	108	118.8
		15	φ22	115	4	4.6	115	4	4.6	115	4	4.6	115	4	4.6
见上图（边板）	边板	1~9	φj15(7φ5)	996	11	109.56	996	11	109.56	996	11	109.56	996	11	109.56
		10	φ8	169	61	103.1	169	55	92.95	169	54	91.26	169	52	87.88
		10A	φ8	——	——	——	173	6	10.38	185	10	18.50	209	14	29.26
		11	φ8	143	61	87.23	143	55	78.65	143	54	77.22	143	52	74.36
		11A	φ8	——	——	——	147	6	8.82	157	10	15.7	180	14	25.20
		12	φ8	82	51	41.82	82	51	41.82	82	52	42.64	82	52	42.64
		13	φ8	81	51	41.31	81	47	38.07	81	46	37.26	81	44	35.64
		13A	φ8	——	——	——	83	4	3.32	88	6	5.28	99	8	7.92
		14	φ8	110	52	57.2	110	52	57.2	110	52	57.2	110	54	59.4
		15	Φ12	996	2	19.92	996	2	19.92	996	2	19.92	996	2	19.92
		16	Φ12	250	4	10	250	4	10	250	4	10	250	4	10
		17	φ22	115	4	4.6	115	4	4.6	115	4	4.6	115	4	4.6

一块板材料总表

板类	直径 (mm)	0° 总长 (m)	0° 总重 (Kg)	0° 混凝土 (m^3)	15° 总长 (m)	15° 总重 (Kg)	15° 混凝土 (m^3)	30° 总长 (m)	30° 总重 (Kg)	30° 混凝土 (m^3)	45° 总长 (m)	45° 总重 (Kg)	45° 混凝土 (m^3)
中板	φj15(7φ5)	109.6	120.6	3.1	109.6	120.6	3.1	109.6	120.6	3.1	109.6	120.6	3.1
	Φ12	29.9	26.6		29.9	26.6		29.9	26.6		29.9	26.6	
	φ22	4.6	13.7		4.6	13.7		4.6	13.7		4.6	13.7	
	φ8	276.7	109.3		277.1	109.5		287.4	113.5		304.6	120.3	
	合计		270.2			270.4			274.4			281.2	
边板	φj15(7φ5)	109.6	120.6	3.4	109.6	120.6	3.4	109.6	120.6	3.4	109.6	120.6	3.4
	Φ12	29.9	26.6		29.9	26.6		29.9	26.6		29.9	26.6	
	φ22	4.6	13.7		4.6	13.7		4.6	13.7		4.6	13.7	
	φ8	330.7	130.6		331.2	130.8		345.1	136.3		362.3	143.1	
	合计		291.5			291.7			297.2			304.0	

预应力混凝土空心板 跨径：10米，板高：40厘米 斜度：0°，15°，30°，45°	汽车-超20级，挂车-120 2×净—11.0
中边板钢筋表(三)	图号 17

预应力筋有效长度

钢筋编号	斜度 0°	15°	30°	45°
1				
2	1090	1090	1090	1090
3	1296	1296	1296	1296
4	750	750	750	750
5				
6	1296	1296	1296	1296
7	950	950	950	950
8	1296	1296	1296	1296
9	1210	1210	1210	1210

附注 1. 同图号15的1、4、5条。

2. 本图钢筋明细表见图号20。

3. 14号钢筋与4号主筋绑扎在一起，上端在块件预制时，紧贴侧模，脱模后扳出。

预应力混凝土空心板 跨径：13米　板高：55厘米 斜度：0°，15°，30°，45°	汽车－超20级，挂车－120 2×净－11.0
中板钢筋构造（一）	图号 18

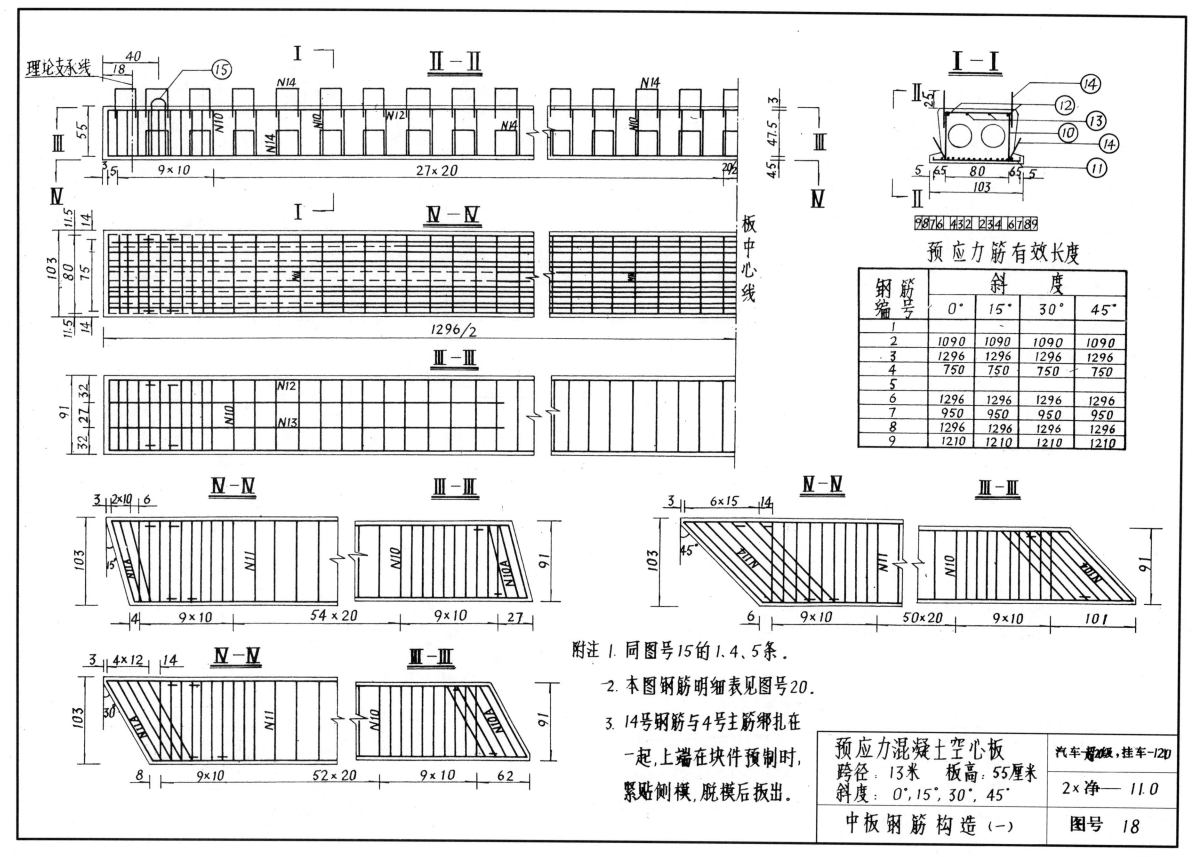

预应力筋有效长度

钢筋编号	斜度 0°	15°	30°	45°
1	—	—	—	—
2	1090	1090	1090	1090
3	1296	1296	1296	1296
4	750	750	750	750
5	—	—	—	—
6	1296	1296	1296	1296
7	950	950	950	950
8	1296	1296	1296	1296
9	1210	1210	1210	1210

附注：同图号18。

预应力混凝土空心板 跨径：13米　板高：55厘米 斜度：0°，15°，30°，45°	汽车-超20级，挂车-120 2×净—11.0
边板钢筋构造(二)	图号 19

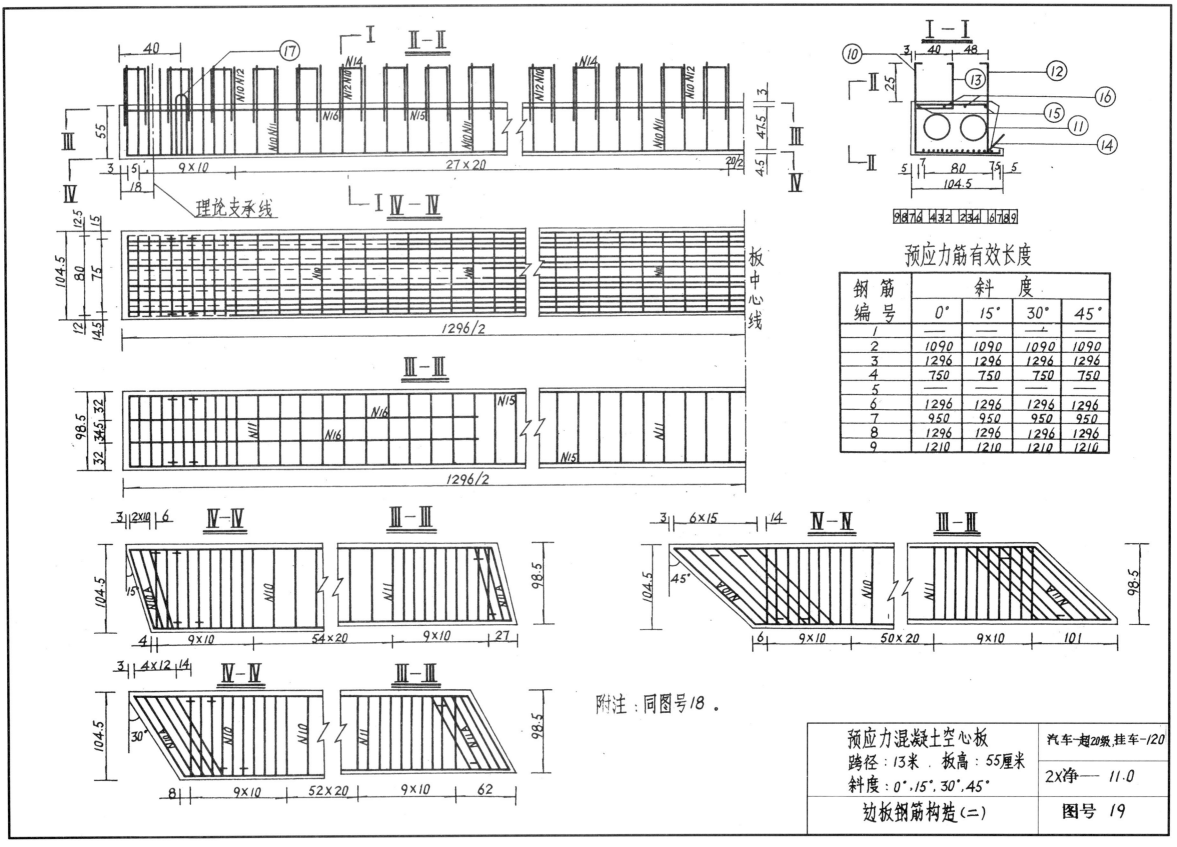

一块板钢筋明细表

钢筋形式	板类	钢筋编号	直径 (mm)	0° 一根长度 (cm)	0° 根数	0° 共长 (m)	15° 一根长度 (cm)	15° 根数	15° 共长 (m)	30° 一根长度 (cm)	30° 根数	30° 共长 (m)	45° 一根长度 (cm)	45° 根数	45° 共长 (m)
	中板	1~9	φ^{s}15(7φ5)	1296	14	181.44	1296	14	181.44	1296	14	181.44	1296	14	181.44
		10	φ8	198	76	150.48	198	73	144.54	198	71	140.58	198	69	136.62
		10A	φ8	—	—	—	203	6	12.18	212	10	21.20	232	14	32.48
		11	φ8	99	76	75.24	99	73	72.27	99	71	70.29	99	69	68.31
		11A	φ8	—	—	—	103	6	6.18	113	10	11.3	138	14	19.32
		12	Φ12	1296	2	25.92	1296	2	25.92	1296	2	25.92	1296	2	25.92
		13	Φ12	350	4	14.00	350	4	14.00	350	4	14.00	350	4	14.00
		14	φ8	110	132	145.20	110	132	145.2	110	132	145.20	110	132	145.20
		15	φ22	139	4	5.56	139	4	5.56	139	4	5.56	139	4	5.56
	边板	1~9	φ^{s}15(7φ5)	1296	14	181.44	1296	14	181.44	1296	14	181.44	1296	14	181.44
		10	φ8	184	76	139.84	184	73	134.32	184	71	130.64	184	69	126.96
		10A	φ8	—	—	—	188	6	11.28	200	10	20.00	224	14	31.36
		11	φ8	158	76	120.08	158	73	115.34	158	71	112.18	158	69	109.02
		11A	φ8	—	—	—	162	6	9.72	173	10	17.30	195	14	27.30
		12	φ8	97	76	73.72	97	73	70.81	97	71	68.87	99	69	66.93
		13	φ8	81	76	61.56	81	73	59.13	81	71	57.51	81	69	55.89
		13A	φ8	—	—	—	83	6	4.98	88	10	8.80	99	14	13.86
		14	φ8	110	66	72.60	110	66	72.60	110	66	72.60	110	66	72.60
		15	Φ12	1296	2	25.92	1296	2	25.92	1296	2	25.92	1296	2	25.92
		16	Φ12	350	4	14.00	350	4	14.00	350	4	14.00	350	4	14.00
		17	φ22	139	4	5.56	139	4	5.56	139	4	5.56	139	4	5.56

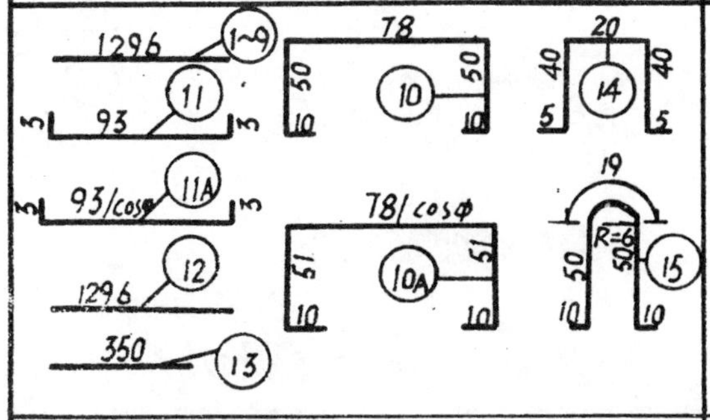

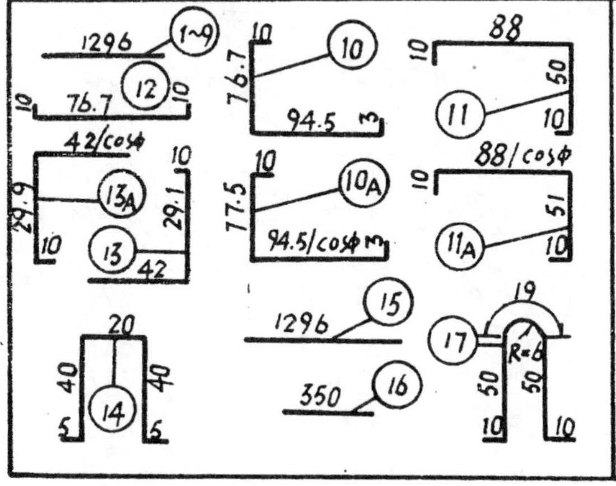

一块板材料总表

板类	直径 (mm)	0° 总长 (m)	0° 总重 (Kg)	0° 混凝土 (m³)	15° 总长 (m)	15° 总重 (Kg)	15° 混凝土 (m³)	30° 总长 (m)	30° 总重 (Kg)	30° 混凝土 (m³)	45° 总长 (m)	45° 总重 (Kg)	45° 混凝土 (m³)
中板	φ^{s}15(7φ5)	181.4	199.5	50	181.4	199.5	50	181.4	199.5	5.0	181.4	199.5	5.0
	Φ12	39.9	35.4		39.9	35.4		39.9	35.4		39.9	35.4	
	φ22	5.6	16.7		5.6	16.7		5.6	16.7		5.6	16.7	
	φ8	371.0	146.5		380.4	150.3		388.6	153.5		401.9	158.8	
	合计	—	398.1		—	401.9		—	405.8		—	410.4	
边板	φ^{s}15(7φ5)	181.4	199.5	5.6	181.4	199.5	5.6	181.4	199.5	5.6	181.4	199.5	5.6
	Φ12	39.9	35.4		39.9	35.4		39.9	35.4		39.9	35.4	
	φ22	5.6	16.7		5.6	16.7		5.6	16.7		5.6	16.7	
	φ8	467.8	184.8		478.2	188.9		487.9	192.7		503.9	199.0	
	合计	—	436.4		—	440.5		—	444.3		—	450.6	

预应力混凝土空心板 跨径：13米 板高55厘米 斜度：0°，15°，30，45°	汽车-超20级，挂车-120 2×净—11.0
中边板钢筋表（三）	图号 20

预应力筋有效长度

钢筋编号	斜度 0°	15°	30°	45°
1	—	—	—	—
2	1210	1210	1210	1210
3	1596	1596	1596	1596
4	1490	1490	1490	1490
5	1070	1070	1070	1070
6	1596	1596	1596	1596
7	1370	1370	1370	1370
8	810	810	810	810
9	1596	1596	1596	1596

附注 1.同图号15的1.4.5条。2.本图钢筋明细表见图号23。

预应力混凝土空心板 跨径：16米，板高：70厘米 斜度：0°, 15°, 30°, 45°	汽车-超20级，挂车-120 2×净—11.0
中板钢筋构造（一）	图号 21

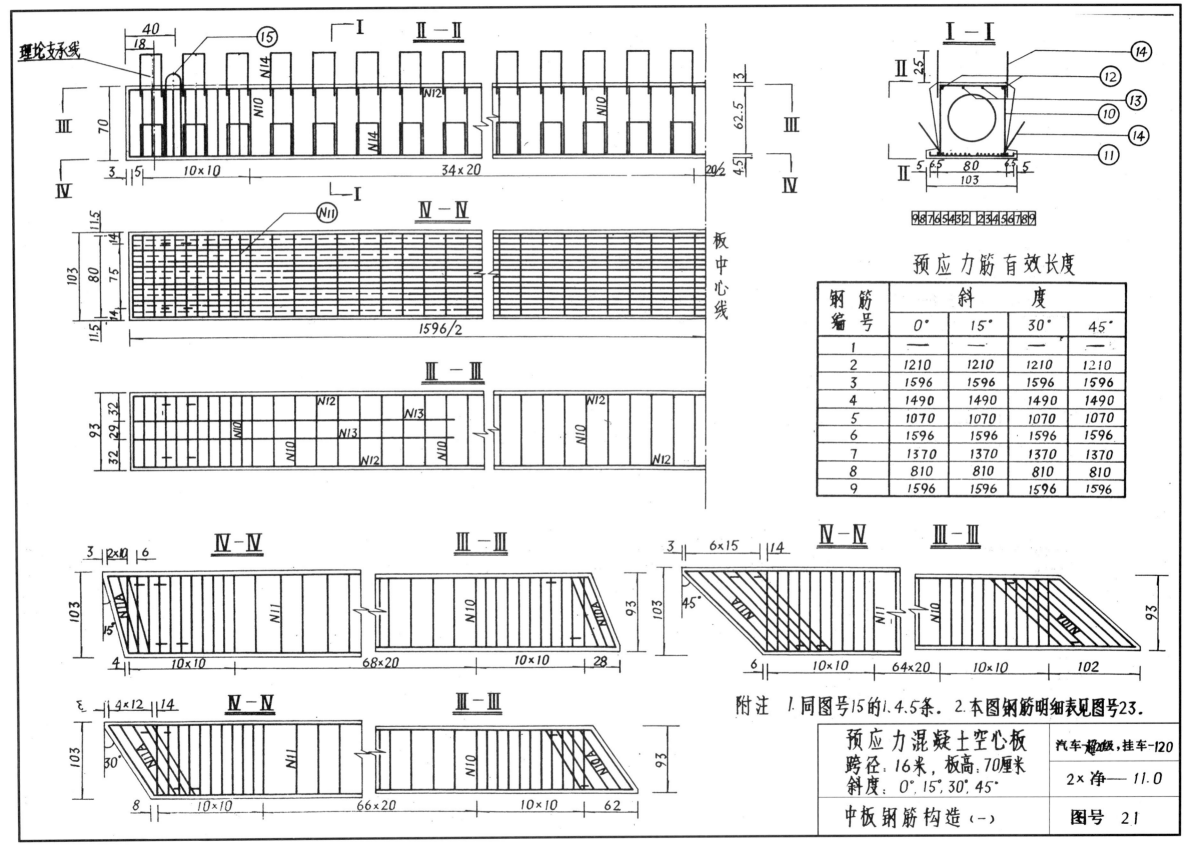

预应力筋有效长度

钢筋编号	斜度 0°	斜度 15°	斜度 30°	斜度 45°
1	——	——	——	——
2	1210	1210	1210	1210
3	1596	1596	1596	1596
4	1490	1490	1490	1490
5	1070	1070	1070	1070
6	1596	1596	1596	1596
7	1370	1370	1370	1370
8	810	810	810	810
9	1596	1596	1596	1596

附注：同图号21。

预应力混凝土空心板 跨径：16米　板高：70厘米 斜度：0°,15°,30°,45°	汽车－超20级,挂车－120
	2X净－11.0
边板钢筋构造(二)	图号 22

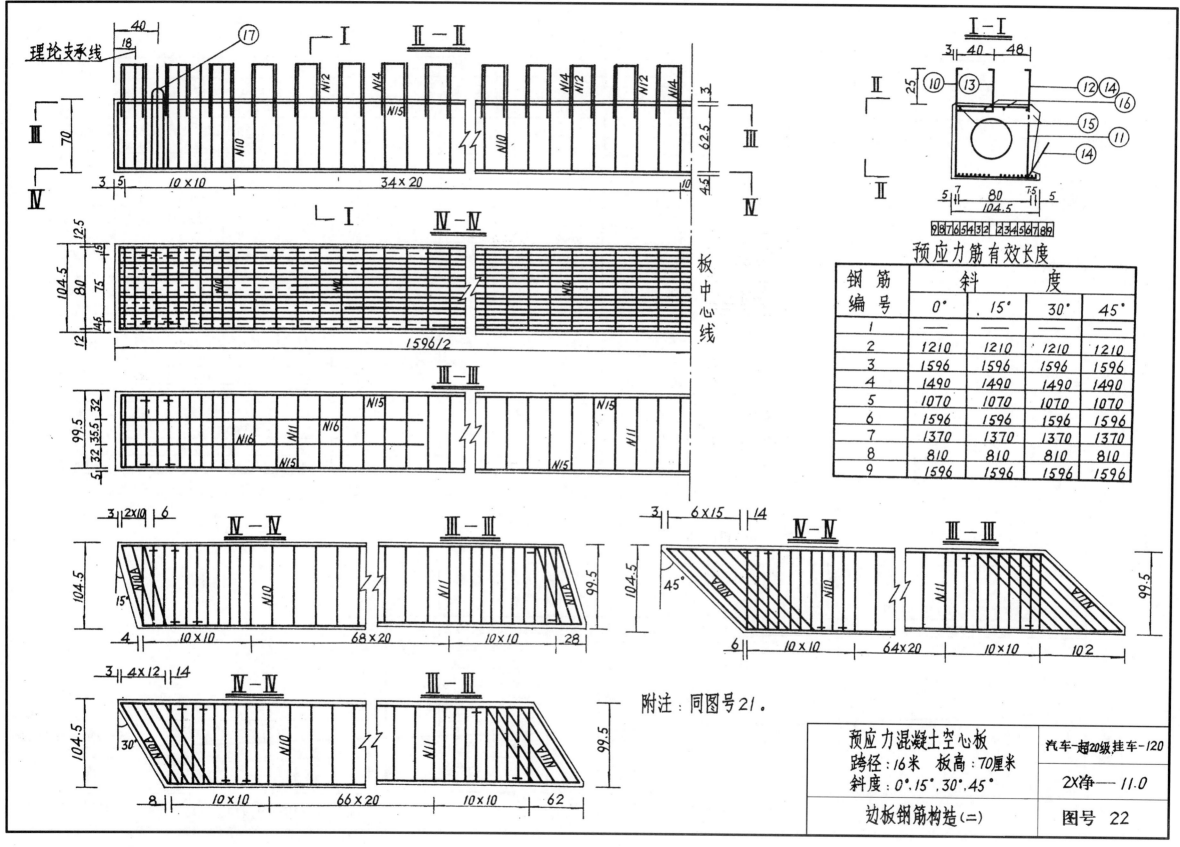

一块板钢筋明细表

钢筋型式	板类	钢筋编号	直径(mm)	0° 一根长度(cm)	0° 根数	0° 共长(m)	15° 一根长度(cm)	15° 根数	15° 共长(m)	30° 一根长度(cm)	30° 根数	30° 共长(m)	45° 一根长度(cm)	45° 根数	45° 共长(m)
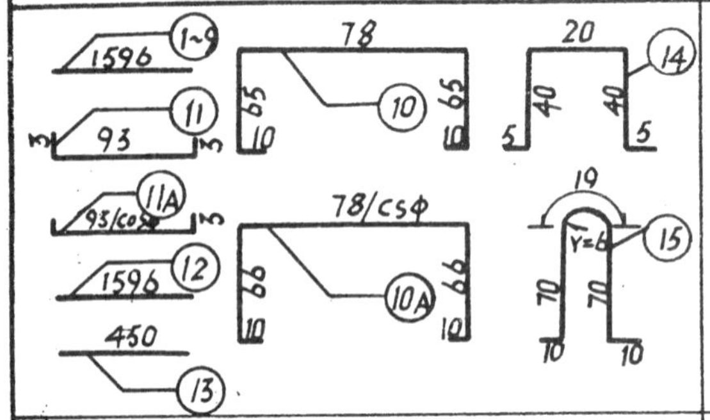 (见图)	中板	1~9	φ⁵15(7φ5)	1596	16	255.36	1596	16	255.36	1596	16	255.36	1596	16	255.36
		10	φ8	228	92	209.76	228	89	202.92	228	87	198.36	228	85	193.80
		10A	φ8	—	—	—	235	6	12.98	242	10	24.20	262	14	36.68
		11	φ8	99	92	91.08	99	89	88.11	99	87	86.13	99	85	84.15
		11A	φ8	—	—	—	102	6	6.12	113	10	11.3	138	14	19.32
		12	φ12	1596	2	31.92	1596	2	31.92	1596	2	31.92	1596	2	31.92
		13	φ12	450	4	18.00	450	4	18.00	450	4	18.00	450	4	18.00
		14	φ8	110	160	176	110	160	176.00	110	160	176.00	110	160	176.00
		15	φ22	179	4	7.16	179	4	7.16	179	4	7.16	179	4	7.16
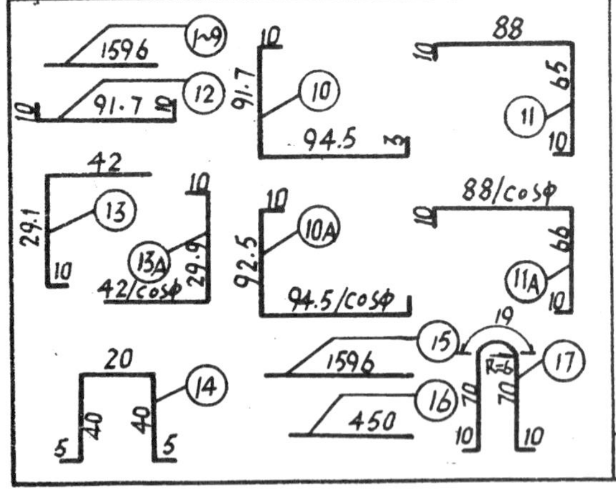 (见图)	边板	1~9	φ⁵15(7φ5)	1596	16	255.36	1596	16	255.36	1596	16	255.36	1596	16	255.36
		10	φ8	199	92	183.08	199	89	177.11	199	87	173.73	199	85	169.15
		10A	φ8	—	—	—	203	6	12.18	215	10	21.50	239	14	33.46
		11	φ8	173	92	159.16	173	89	153.97	173	87	150.51	173	85	147.05
		11A	φ8	—	—	—	177	6	10.62	188	10	18.80	210	14	29.40
		12	φ8	112	92	103.04	112	89	99.68	112	87	97.44	112	85	95.20
		13	φ8	81	92	74.52	81	89	72.09	81	87	70.47	81	85	68.85
		13A	φ8	—	—	—	83	6	4.98	88	10	8.80	99	14	13.86
		14	φ8	110	80	88.00	110	80	88.00	110	80	88.00	110	80	88.00
		15	φ12	1596	2	31.92	1596	2	31.92	1596	2	31.92	1596	2	31.92
		16	φ12	450	4	18.00	450	4	18.00	450	4	18.00	450	4	18.00
		17	φ22	179	4	7.16	179	4	7.16	179	4	7.16	179	4	7.16

一块板材料总表

板类	直径(mm)	0° 总长(m)	0° 总重(Kg)	0° 混凝土(m³)	15° 总长(m)	15° 总重(Kg)	15° 混凝土(m³)	30° 总长(m)	30° 总重(Kg)	30° 混凝土(m³)	45° 总长(m)	45° 总重(Kg)	45° 混凝土(m³)
中板	φ⁵15(7φ5)	255.4	280.9	6.6	255.4	280.9	6.6	255.4	280.9	6.6	255.4	280.9	6.6
	φ12	49.9	44.3		49.9	44.3		49.9	44.3		49.9	44.3	
	φ22	7.2	21.5		7.2	21.5		7.2	21.5		7.2	21.5	
	φ8	476.8	188.3		487.1	192.4		496	195.9		510	201.5	
	合计		535.0		—	539.1			542.6		—	548.2	
边板	φ⁵15(7φ5)	255.4	280.9	7.6	255.4	280.9	7.6	255.4	280.9	7.6	255.4	280.9	7.6
	φ12	49.9	44.3		49.9	44.3		49.9	44.3		49.9	44.3	
	φ22	7.2	21.5		7.2	21.5		7.2	21.5		7.2	21.5	
	φ8	607.8	240.1		618.6	244.3		628.7	248.3		645	254.8	
	合计		586.8			591.0			595.0			601.5	

预应力混凝土空心板
跨径：16米 板高70厘米
斜度：0°, 15°, 30°, 45°
汽车-超20级，挂车-120
2×净—11.0
中边板钢筋表（三）
图号 23

钢筋明细表

跨径 (m)	板长 L (m)	斜度 α	n	钢筋直径 (mm)	钢筋编号	一根长度 (cm)	根数	共长 (m)	共重 (kg)	钢筋总重 (kg)
5	4.96	0°/15°	24	φ8	1	1100/1139	55	605/626.45	238.98/247.45	287.6/296.0
					2	492	25	123	48.59	
		30°		φ8	1	1270	55	698.5	275.91	324.5
					2	492	25	123	48.59	
		45°		φ8	1	1557	55	856.35	338.26	386.9
					2	492	25	123	48.6	
6	5.96	0°/15°	29	φ8	1	1100/1139	55	605/626.45	238.98/247.45	309.13/317.6
					2	592	30	177.6	70.15	
		30°		φ8	1	1270	55	698.5	275.91	346.1
					2	592	30	177.6	70.15	
		45°		φ8	1	1557	55	856.35	338.26	408.5
					2	592	30	177.6	70.2	
8	7.96	0°/15°	39	φ8	1	1100/1139	55	605/626.45	238.98/247.45	364.1/372.6
					2	792	40	316.8	125.14	
		30		φ8	1	1270	55	698.5	275.91	401.1
					2	792	40	316.8	125.14	
		45°		φ8	1	1557	55	856.35	338.26	463.4
					2	792	40	316.8	125.14	
10	9.96	0°/15°	49	φ8	1	1100/1139	55	605/626.45	238.98/247.45	434.9/443.4
					2	992	50	496	195.92	
		30°		φ8	1	1270	55	698.5	275.91	471.8
					2	992	50	496	195.92	
		45°		φ8	1	1557	55	856.35	338.26	534.2
					2	992	50	496	195.92	
13	12.96	0°/15°	64	φ8	1	1100/1139	55	605/626.45	238.98/247.45	570.7/579.2
					2	1292	65	839.8	331.72	
		30°		φ8	1	1270	55	698.5	275.91	607.6
					2	1292	65	839.8	331.72	
		45°		φ8	1	1557	55	856.35	338.26	670.0
					2	1292	65	839.8	331.72	
16	15.96	0°/15°	79	φ8	1	1100/1139	55	605/626.45	238.98/247.45	742.1/750.5
					2	1592	80	1273.6	503.07	
		30°		φ8	1	1270	55	698.5	275.91	779.0
					2	1592	80	1273.6	503.07	
		45°		φ8	1	1557	55	856.35	338.26	841.3
					2	1592	80	1273.6	503.07	

附注：本图尺寸除注明者外，余均以厘米计。

钢筋、预应力混凝土板 跨径：5、6、8、10、13、16米 斜度：0°、15°、30°、45°	汽车-超20级，挂车-120 2×净—11.0
板面钢筋网构造	图号　24

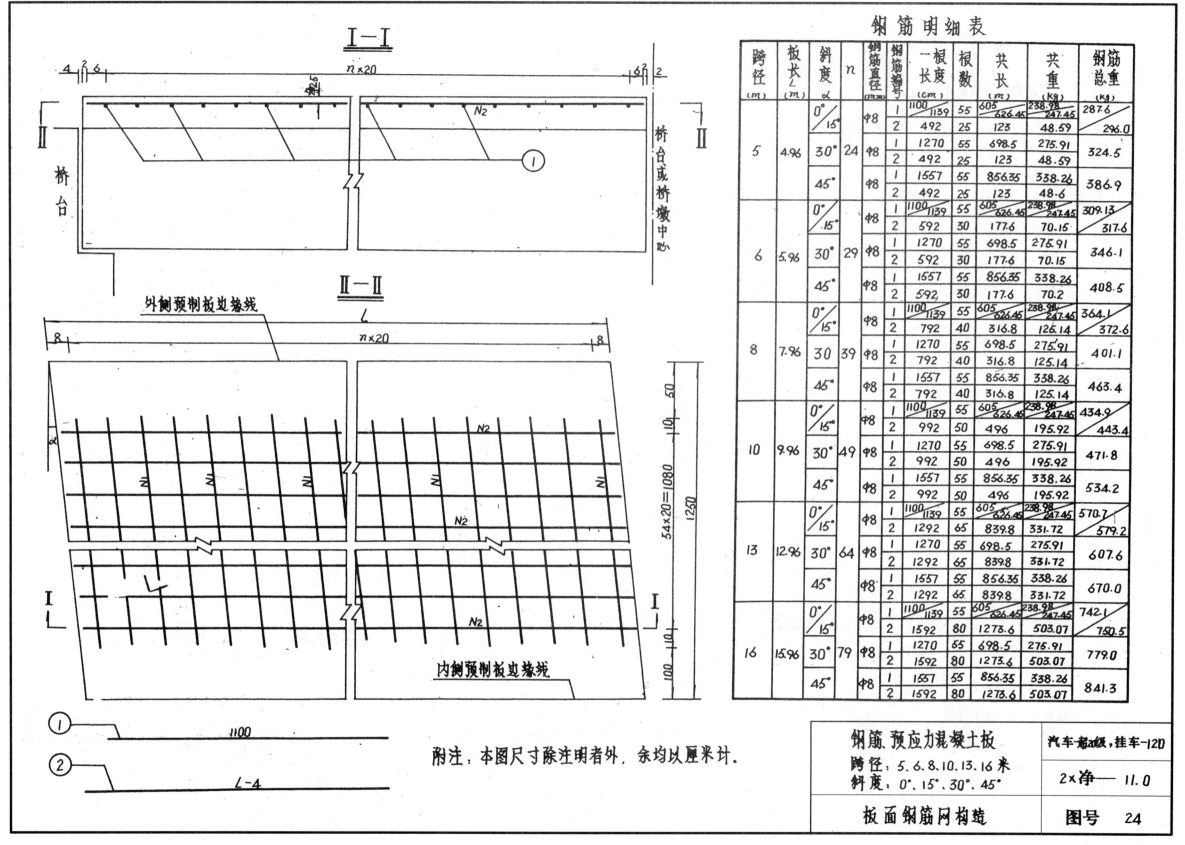

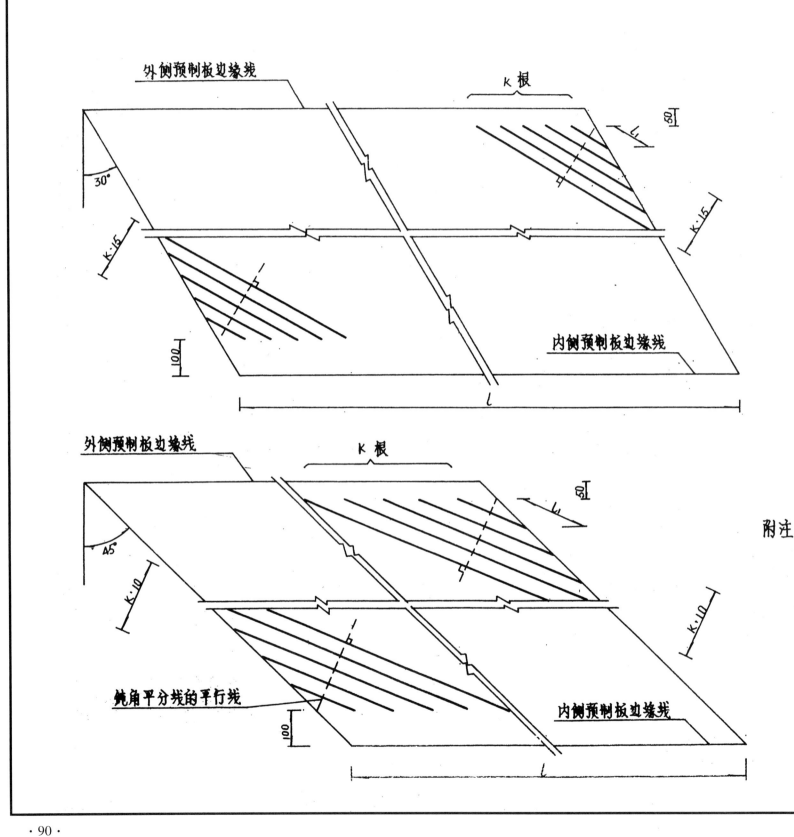

钢筋明细表

跨径 l (m)	斜度	规格 (mm)	l_1 (cm)	根数 K	共长 (m)	共重 (kg)
5	30°	Φ12	52.0	4	10.40	9.2
	45°	Φ12	48.3	4	9.66	8.6
6	30°	Φ12	52.0	4	10.40	9.2
	45°	Φ12	48.3	5	14.49	12.9
8	30°	Φ12	52.0	6	21.84	19.4
	45°	Φ12	48.3	7	27.05	24.0
10	30°	Φ12	52.0	7	29.12	25.9
	45°	Φ12	48.3	8	34.78	30.9
13	30°	Φ12	52.0	9	46.80	41.6
	45°	Φ12	48.3	10	53.13	47.2
16	30°	Φ12	52.0	11	68.64	61.0
	45°	Φ12	48.3	13	87.91	78.1

附注
1. 本图尺寸除注明者外，余均以厘米计。
2. 各根钢筋的长度按下式计算：$L_i=i\cdot L_1$。
式中 i=1、2，……，K。
3. 本附加钢筋绑扎于桥面钢筋网之上。

钢筋、预应力混凝土板 跨径：5、6、8、10、13、16 米 斜度：0°、15°、30°、45°	汽车-超20级，挂车-120 2×净—11.0
斜板钝角加强附加钢筋构造	图号 25

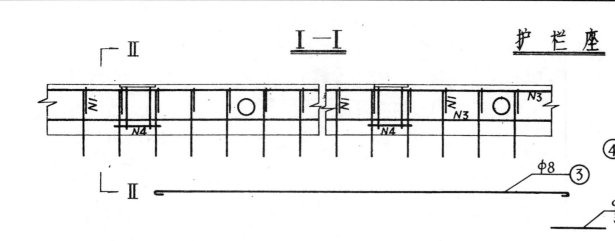

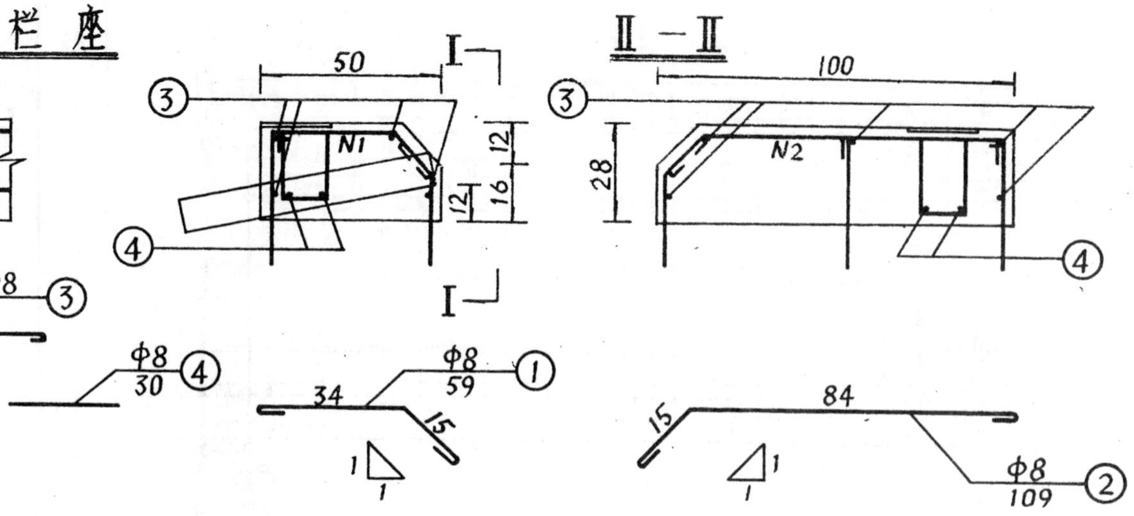

护栏座

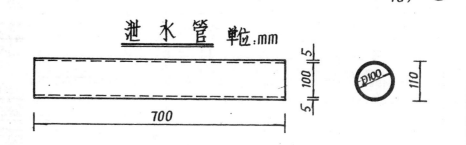

泄水管 单位：mm

一孔护栏座泄水管材料数量表

跨径(m)	钢筋编号	直径(mm)	护栏座					泄水管	
			长度(m)	根数(根)	重量(kg)	小计	混凝土(m³)	规格(mm)	数量(个)
5	1	φ8	0.59	27	6.29	37.32	2.01	φ110×5×700	2
	2	φ8	1.09	27	11.62				
	3	φ8	5.06	9	17.99				
	4	φ8	0.30	12	1.42				
6	1	φ8	0.59	32	7.46	44.20	2.42	φ110×5×700	2
	2	φ8	1.09	32	13.78				
	3	φ8	6.06	9	21.54				
	4	φ8	0.30	12	1.42				
8	1	φ8	0.59	42	9.79	58.42	3.23	φ110×5×700	3
	2	φ8	1.09	42	18.08				
	3	φ8	8.06	9	28.65				
	4	φ8	0.30	16	1.90				
10	1	φ8	0.59	52	12.12	72.64	4.04	φ110×5×700	4
	2	φ8	1.09	52	22.39				
	3	φ8	10.06	9	35.76				
	4	φ8	0.30	20	2.37				
13	1	φ8	0.59	67	15.61	93.73	5.26	φ110×5×700	5
	2	φ8	1.09	67	28.85				
	3	φ8	13.06	9	46.43				
	4	φ8	0.30	24	2.84				
16	1	φ8	0.59	82	19.11	114.83	6.47	φ110×5×700	6
	2	φ8	1.09	82	35.31				
	3	φ8	16.06	9	57.09				
	4	φ8	0.30	28	3.32				

附注：
1. 本图尺寸除注明者外，余均以厘米计。
2. 护栏座钢筋骨架利用边板预留外伸钢筋绑扎而成，箍筋基本间距为20cm，斜角处将N1、N2按角度适当加长几根绑扎成斜角即可。
3. 本图中N1、N2的根数是按正板计算的。
4. 50cm宽的护栏座利用边板顶面外侧两排预留钢筋即可。

钢筋预应力混凝土板
跨径：5、6、8、10、13、16米
斜度：0°、15°、30°、45°
汽车-超20级，挂车-120
2×净-11.0
护栏座泄水管构造
图号 26

护 栏 单 件 材 料 表

编号	名 称		规 格	重量(Kg)
1	钢管立柱		φ140×4.5×700	10.528
2	立柱帽		φ150×4.5×20	0.665
3	支承架		70×4.5×427	1.056
4	横梁	A	500×4×2830	44.430
		B	500×4×2330	36.580
		C	500×4×3160	49.610
		D	500×4×2660	41.761
5	固定螺栓组	螺栓	M20×220	0.6005
		螺母	AM20	0.0619
		垫圈	20	0.0239
6	连接螺栓组	螺栓	M16×30	0.0787
		螺母	AM16	0.0325
		垫圈	16	0.0134
7	预埋钢板		10×160×180	4.458

附注：1. 本图尺寸均以毫米计，表中预埋钢板的重量包括了环形筋的重量。
2. 预埋钢板均焊接两支φ16环形筋，埋入混凝土内。
3. 立柱帽与立柱点焊连接。

钢筋、预应力混凝土板 跨径：5、6、8、10、13、16 米 斜度：0°、15°、30°、45°	汽车-超20级，挂车-120 2×净—11.0
护 栏 构 造	图号 27

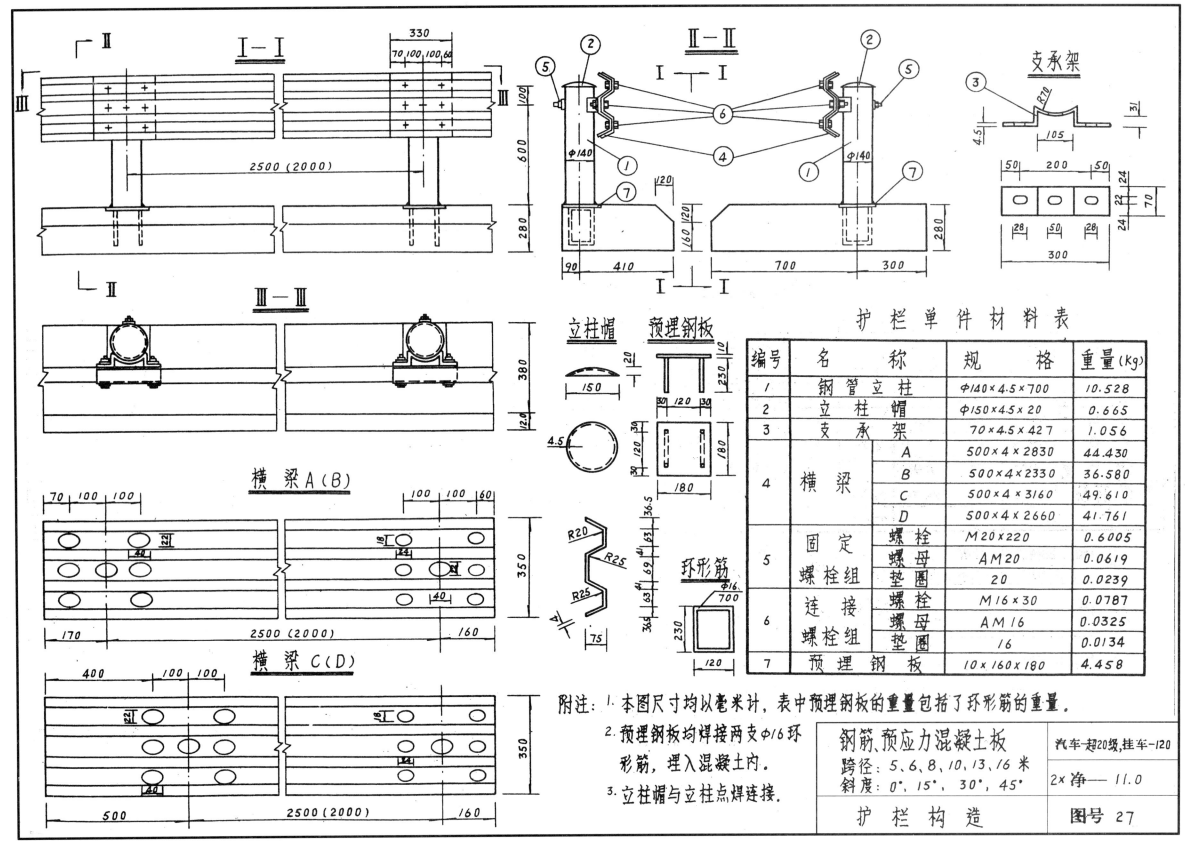

一孔护栏材料数量表

名称		单件重 (Kg)	跨径 (m) 5.0 数量(个)	重量(Kg)	小计(Kg)	6.0 数量(个)	重量(Kg)	小计(Kg)	8.0 数量(个)	重量(Kg)	小计(Kg)	10.0 数量(个)	重量(Kg)	小计(Kg)	13.0 数量(个)	重量(Kg)	小计(Kg)	16.0 数量(个)	重量(Kg)	小计(Kg)
钢管立柱		10.528	6	63.17	63.17	6	63.17	63.17	8	84.22	84.22	10	105.28	105.28	12	126.34	126.34	14	147.39	147.39
立柱帽		0.665	6	3.99	3.99	6	3.99	3.99	8	5.32	5.32	10	6.65	6.65	12	7.98	7.98	14	9.31	9.31
支承架		1.056	6	6.34	6.34	6	6.34	6.34	8	8.45	8.45	10	10.56	10.56	12	12.67	12.67	14	14.78	14.78
横梁	A	44.430													4	177.72		8	355.44	
	B	36.580							2	73.16	271.60	4	146.32	344.76	2	73.16	449.32			553.88
	C	49.610				4	198.44	198.44	4	198.44		4	198.44		4	198.44		4	198.44	
	D	41.761	4	167.04	167.04															
固定螺栓组	螺栓	0.6005	6	3.60		6	3.60		8	4.80		10	6.01		12	7.21		14	8.41	
	螺母	0.0619	6	0.37	4.26	6	0.37	4.26	8	0.50	5.68	10	0.62	7.11	12	0.74	8.52	14	0.87	9.95
	垫圈	0.0239	12	0.29		12	0.29		16	0.38		20	0.48		24	0.57		28	0.67	
连接螺栓组	螺栓	0.0787	36	2.83		36	2.83		48	3.78		60	4.72		72	5.67		84	6.61	
	螺母	0.0325	36	1.17	4.96	36	1.17	4.96	48	1.56	6.63	60	1.95	8.28	72	2.34	9.94	84	2.73	11.59
	垫圈	0.0134	72	0.96		72	0.96		96	1.29		120	1.61		144	1.93		168	2.25	
预埋钢筋		4.458	6	26.75	26.75	6	26.75	26.75	8	35.66	35.66	10	44.58	44.58	12	53.50	53.50	14	62.41	62.41
合计					276.51			307.91			417.56			527.22			668.27			809.31

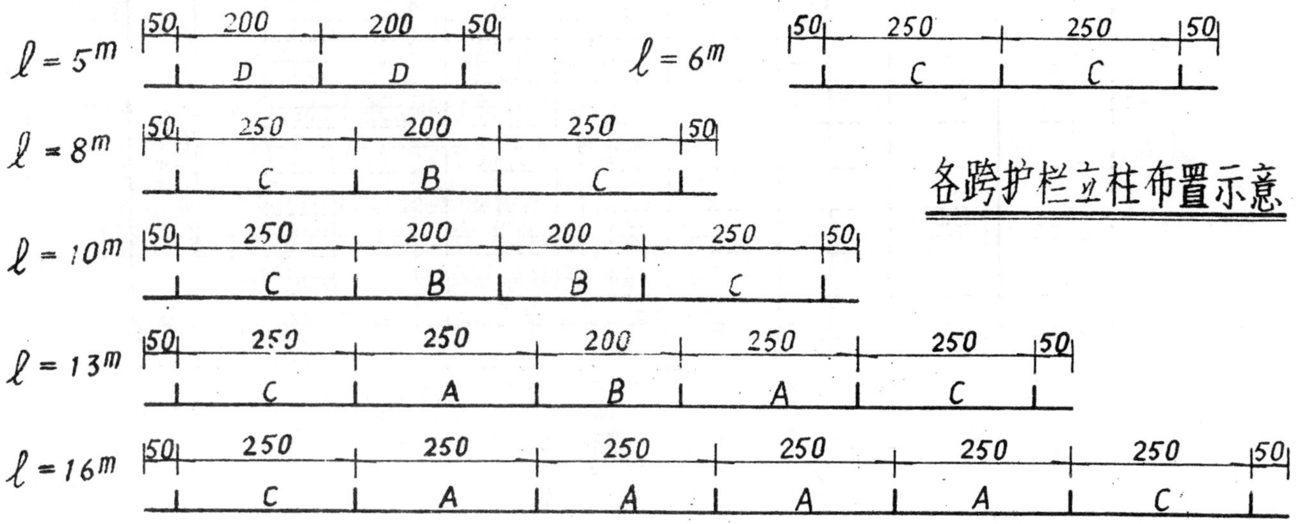

各跨护栏立柱布置示意

$l=5^m$: 50 | 200(D) | 200(D) | 50

$l=6^m$: 50 | 250(C) | 250(C) | 50

$l=8^m$: 50 | 250(C) | 200(B) | 250(C) | 50

$l=10^m$: 50 | 250(C) | 200(B) | 200(B) | 250(C) | 50

$l=13^m$: 50 | 250(C) | 250(A) | 200(B) | 250(A) | 250(C) | 50

$l=16^m$: 50 | 250(C) | 250(A) | 250(A) | 250(A) | 250(A) | 250(C) | 50

附注：
1. 本图尺寸除注明者外，余均以厘米计。
2. 图中A、B、C、D为横梁类型。

钢筋预应力混凝土板
跨径：5、6、8、10、13、16米
斜度：0°、15°、30°、45°
汽车—超20级，挂车—120
2×净—11.0

护栏材料数量表　图号 28

附注 1. 本图尺寸均以毫米计。

2. 钢材外露部份均须涂一道红丹和二道油漆。

3. 1、2号钢板可视具体情况分段设置。

4. 切口焊缝施焊时应防止钢板翘曲，与3号钢板不能密贴在滑动面的焊缝要磨平以不影响伸缩滑动为准。

5. 构件按本图示意焊成组件，间距20厘米，预埋在行车道铺装层中可与桥面钢筋网或吊环钢筋固定其位置。

6. 图中焊缝厚度均为8~10毫米。

7. 材料数量表中Φ12钢筋是按正板计算的。

钢筋预应力混凝土板 跨径：5、6、8、10、13、16米 斜度：0°、15°、30°、45°	汽车-超20级，挂车-120 2×净—11.0
桥面伸缩缝构造	图号 29

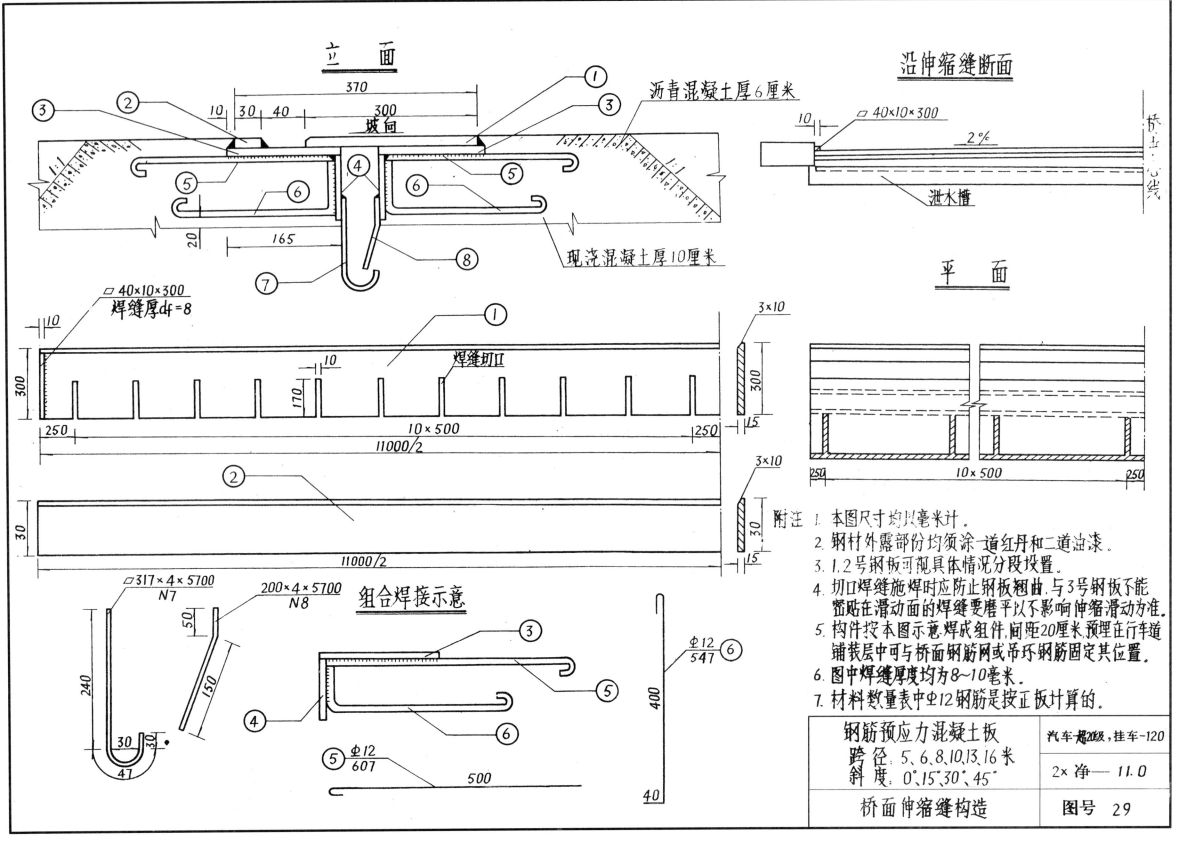

Ⅱ－Ⅱ

立面

平面

组合焊接示意

附注 1. 本图尺寸均以毫米计.

2. 钢材外露部份均须涂一道红丹和二道油漆.

3. 构件按本图示意焊成组件，间距20厘米，预埋在护栏座中.

4. 图中焊缝厚度均为8～10毫米.

5. 1、2号钢板与3号钢板焊接后在滑动面的焊缝要磨平，以不影响伸缩滑动为准.

钢筋预应力混凝土板 跨径 5、6、8、10、13、16米 斜度 0° 15° 30° 45°	汽车—超20级挂车—120 2×净—11
护栏伸缩缝构造	图号 30

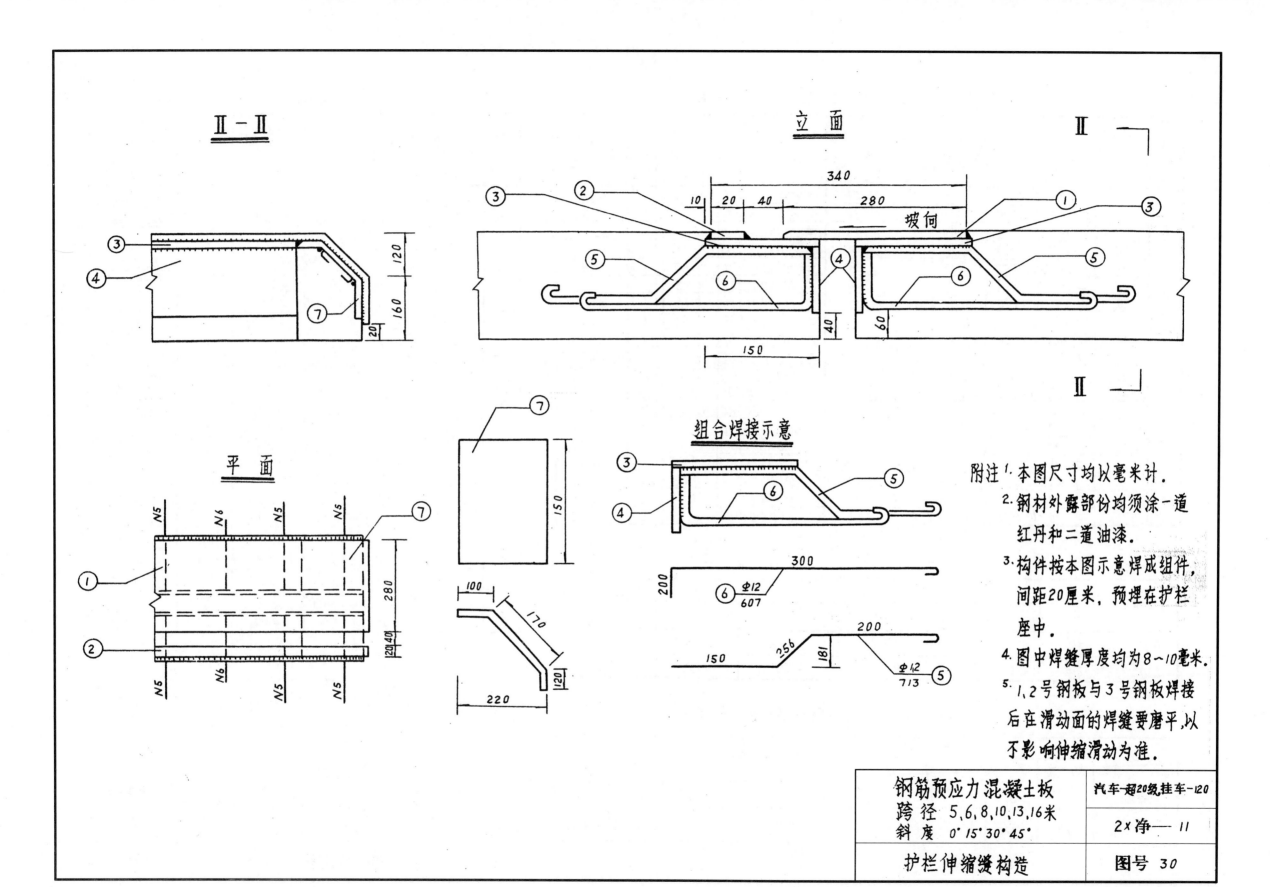

护栏伸缩缝材料明细表

类别编号	角度	50CM护栏座 规格(mm)	单件重(Kg)	一道 数量	一道 重量(Kg)	100CM护栏座 规格(mm)	单件重(Kg)	一道 数量	一道 重量(Kg)
1	0°	□280×10×690	15.17	1	15.17	□280×10×1190	26.16	1	26.16
	15°	□280×10×709	15.58	1	15.58	□280×10×1232	27.08	1	27.08
	30°	□280×10×775	17.03	1	17.03	□280×10×1374	30.20	1	30.20
	45°	□280×10×918	20.18	1	20.18	□280×10×1683	36.99	1	36.99
2	0°	□20×10×690	1.08	1	1.08	□20×10×1190	1.87	1	1.87
	15°	□20×10×709	1.11	1	1.11	□20×10×1232	1.93	1	1.93
	30°	□20×10×775	1.22	1	1.22	□20×10×1374	2.16	1	2.16
	45°	□20×10×918	1.44	1	1.44	□20×10×1683	2.64	1	2.64
3	0°	□150×10×280	3.30	2	6.60	□150×10×780	9.18	2	18.36
	15°	□150×10×290	3.41	2	6.82	□150×10×808	9.51	2	19.02
	30°	□150×10×323	3.80	2	7.60	□150×10×901	10.61	2	21.22
	45°	□150×10×396	4.66	2	9.32	□150×10×1103	12.99	2	25.98
4	0°	□220×10×280	4.84	2	9.67	□220×10×780	13.47	2	26.94
	15°	□220×10×290	5.01	2	10.02	□220×10×808	13.95	2	27.91
	30°	□220×10×323	5.58	2	11.16	□220×10×901	15.56	2	31.12
	45°	□220×10×396	6.84	2	13.68	□220×10×1103	19.03	2	38.06
5		Φ12×713	0.63	6	3.78	Φ12×713	0.63	10	6.30
6		Φ12×607	0.54	6	3.24	Φ12×607	0.54	10	5.40
7		□390×10×150	4.59	2	9.18	□390×10×150	4.59	2	9.18

行车道伸缩缝材料明细表

编号	角度	规格(mm)	单件重(Kg)	一道 数量	一道 重量(Kg)
1	0°	□300×16×11000	414.48	1	414.48
	15°	□300×16×11388	429.10	1	429.10
	30°	□300×16×12702	478.61	1	478.61
	45°	□300×16×15556	586.30	1	586.30
2	0°	□30×16×11000	41.45	1	41.45
	15°	□30×16×11388	42.91	1	42.91
	30°	□30×16×12702	47.86	1	47.86
	45°	□30×16×15556	58.63	1	58.63
3	0°	□165×10×11000	142.48	2	284.96
	15°	□165×10×11388	147.50	2	295.00
	30°	□165×10×12702	164.52	2	329.04
	45°	□165×10×15556	201.49	2	402.98
4	0°	□64×10×11000	55.26	2	110.53
	15°	□64×10×11388	57.21	2	114.42
	30°	□64×10×12702	63.81	2	127.62
	45°	□64×10×15556	78.15	2	156.30
5		Φ12×607	0.539	112	60.37
6		Φ12×547	0.486	112	54.43
7		□317×4×5700	56.74	2	113.48
8		□200×4×5700	35.80	2	71.59
9		□40×10×300	0.94	2	1.88

护栏伸缩缝材料数量表

项目	钢板厚10mm (Kg) 0°	15°	30°	45°	钢筋Φ12 (Kg)
50CM护栏	41.7	42.7	46.2	53.8	7
100CM护栏	82.5	85.1	93.9	112.9	12

行车道伸缩缝材料数量表

材料类别	板厚4mm	板厚10mm 0°	15°	30°	45°	板厚16mm 0°	15°	30°	45°	钢筋Φ12 (Kg)
一道	185.1	397.4	411.3	458.5	561.2	455.9	472.1	526.5	644.9	114.8

钢筋预应力混凝土板
跨径：5、6、8、10、13、16米
斜度：0° 15° 30° 45°

汽车—超20级 挂车—120

2X净—11.0

桥面、护栏伸缩缝材料数量表

图号 31

桥墩处桥面连续构造

连接大样

支座位置示意

I—I

桥面连接橡胶垫

支座大样

一个接头钢筋数量表

斜度	直径编号	直径(mm)	一根长度(cm)	根数	共长(m)	重量(Kg)
0°	1	Φ12	200	114	228	202.5
	2	φ8	1140	20	228	90.1
15°	1	Φ12	200	114	228	202.5
	2	φ8	1180	20	236	93.2
30°	1	Φ12	200	114	228	202.5
	2	φ8	1313	20	263	103.7
45°	1	Φ12	200	114	228	202.5
	2	φ8	1604	20	320.8	126.7

一个橡胶垫材料表

斜度	规格	B(cm)	重量(Kg)
0°	30×1	1110	50
15°	30×1	1149	51.7
30°	30×1	1282	57.6
45°	30×1	1570	70.4

附注 1.本图尺寸除支座以毫米计，余均以厘米为单位。

2.支座大样15×20厘米适用於跨径5，6，8米，20×25厘米适用於跨径10，13，16米。

钢筋预应力混凝土板 跨径：10，13，16米 斜度：0°15°30°45°	汽车-超20级，挂车-120	
	2×净—11.0	
桥墩处桥面连续及支座构造	图号	32

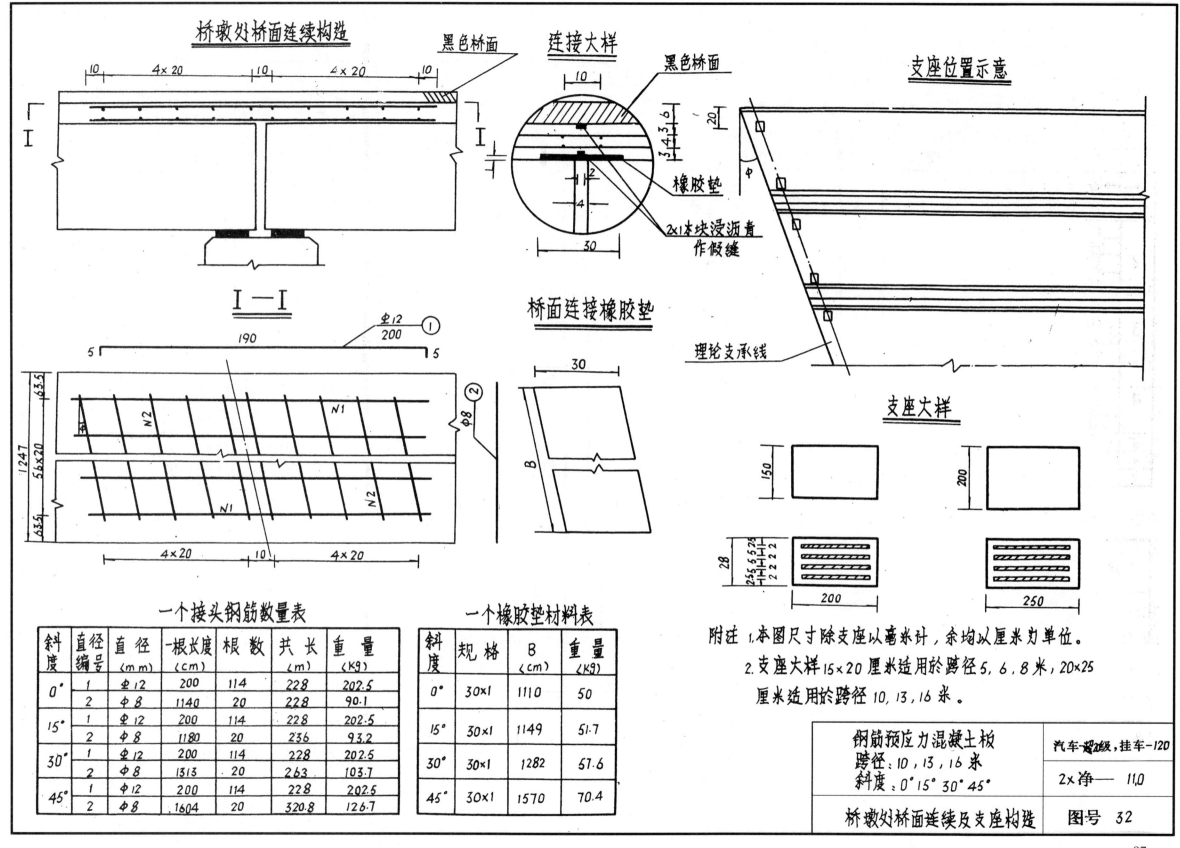